O'ZBEKISTONNING NURLI YULDUZLARI

Xalqaro antalogiya

Tashkilotchi va muharrir:

CHAROS URALOVA

O'zbekistonning eng iqtidorli yoshlarining ilmiy va ijodiy to'plami

© Charos Uralova
O'zbekistonning Nurli Yulduzlari
by: Charos Uralova
Edition: October '2024
Publisher:
Taemeer Publications LLC (Michigan, USA / Hyderabad, India)

ISBN 978-93-5872-295-6

© **Charos Uralova**

Book	:	**O'zbekistonning Nurli Yulduzlari**
Author	:	Charos Uralova
Publisher	:	Taemeer Publications
Year	:	'2024
Pages	:	170
Title Design	:	*Taemeer Web Design*

Uralova Charos G'anisher qizi 1999-yil 11-iyunda Qashqadaryo viloyati Qarshi shahrida tug'ilgan. 2018-yil Samarqand davlat chet tillari institutiga davlat granti asosida o'qishga qabul qilingan. 2022-yilda SamDCHTI Ingliz filologiyasi va tarjimashunoslik fakultetini bitirib, Jahon iqtisodiyoti va diplomatiya universiteti Xalqaro munosabatlar fakulteti magistratura bosqichiga ham davlat granti asosida o'qishga kirdi. Ko'plab Xalqaro va Respublika tanlovlari g'olibasi, konferensiyalar ishtirokchisidir. 70 dan ortiq ilmiy maqolalari va 10 dan ortiq kitoblari dunyo bo'ylab nashr qilingan. 2022-yilda

"O'zbekistonning eng faol 100 talabasi" tanlovida g'olib bo'lgan, Arxiv shaxslarga kiritilgan. Bir qancha loyihalari patentlangan. Turizmni rivojlanish Davlat Qo'mitasidan guvohnomaga ega. Xalqaro tashkilotlar a'zosi va elchisi. Hozirda PhD darajasi uchun ilmiy ish qilmoqda.

Qayumova Dilnoza Ikromovna 1984-yil 6- dekabr oyi Samarqand viloyati Narpay tumanida tavallud topgan. Hozirda Totkent MFY Yonariq qishlogʻidagi 15- umumiy oʻrta taʼlim maktabining Boshlangʻich sinf oʻqituvchisi boʻlib ishlaydi.

"33 yosh muborak bo'lsin!"

Ona yurtim tuprog'ing aziz

Har giyohing beg'ubor nafis

Senda topdim baxtim kamolin

Har insonni olar xayolin

33 yosh muborak bo'lsin

Jannatmakon O'zbekistonim

Sen buyuklar daholar yurti

Eshitganda jimirlar eti

O, navqiron tarix beshigin

Tebratgansan ona diyorim

Ulug' yoshing muborak bo'lsin

Keng jahonim O'zbekistonim

Al Farg'oniy Ulug'beklaring

Ko'kni yoritgan yulduzlaring

Navoiylar Temuriylaring

Qo'lda tebratgan qalamlaring

Bu kun bitdi bor ash'orlarin

Sening uchun shoira qizing

33 yosh muborak bo'lsin

Ulug' yoshing muborak bo'lsin

"Ona buyuk zot"

Ojizman ey ayol senga tiz cho'kib,

Bosh egib oyog'ing o'paman faqat

Hayot sinoviga berasan bardosh

Adosiz anduhlarga qilasan toqat

O'zing o'ylamading g'amlar boshingda

Toshlarni yutarding yegan oshingda

O'tin bo'lib yonding o'ttiz yoshingda

Farzandlar parvona har dam qoshingda

Yig'laysan ko'z yoshing ichga yutasan

Dardim yo'q boshda deb qachon aytasan

Chehrang nuri birla g'aming yopasan

Bolam chaqam deya uyga chopasan

Senga ta'zim aylar Navoiy bobom

Duoingla g'olibdur Temuriy bobom

O'zbeklar sha'nidir To'maris momom

Zo'r kelsa ham otam ham o'zing onam

Fidosan jonimga qalqonim o'zing

Toshlarni titratar aytgan har so'zing

Sen uchun atadi yurakdan bu kun

Ushbu to'rtlik she'rin shoira qizing

Ayolsan ko'kdagi mohim farishtam Nomingni bitishga oldim men qalam

Ayollik oringni asragin deya

Deyman Dilnozaga ilhom ber egam

******

Men shoir **Baxriddin Mirzo Shoxobiddinov** 2005-yil 09-dekabrda Andijon violayati Paxtaobod tumani Madaniyat qishlog'ida tavallud topganman shu yerdagi 29-umumiy o'rta ta'lim maktabini tamomlaganman hozirda erkin ijodkor sifatida faoliyat olib boraman yurt iftixori hamda MDH yetakchilari ko'krak nishonlari sohibiman va Armonni yig'latib qo'ying nomli kitob muallifiman hozirda ko'plab xalqaro Antalogiyalarda faol ishtirok etmoqdaman.

Hayotdan Dars Olgan.

Dardlari zil yukidan og'ir,

Neki bo'lsa qiladi sabr,

Toqatlari osmonga yetar,

Hayotdan dars olgan_da, axir.

G'am_alamlar qalbin tirnaydi,

Shunda ham noshukur bo'lmaydi,

Umid_ishonch nuri so'nmaydi,

Hayotdan dars olgan_da, axir.

Baxtlar tomon cho'zar qo'lini,

Ko'taradi shunday ko'nglini,

Lek iztirob qiynar dilini,

Hayotdan dars olgan_da, axir.

Neki sinov boshga kelsa ham.

Olg'a qadam tashlaydi shahdam,

Va g'alabalar qozonar har dam,

Hayotdan dars olgan_da, axir.

Allox qo'llar bo'lib madadkor,

Kamlarini qilmaydi oshkor,

Dunyo ko'ziga bo'lmaydi tor,

Hayotdan dars olgan_da, axir.

Odamlar

Cho'ntagiga qolsa pul tushib.

Shu onda meni unitishib,

Qolsa agar ishlari tushib,

Tortinmasdan yo'qlarlar meni.

Yo'q edik_ku hayolida ham.

Boylar tomon bosardi qadam,

Bizga omad kelib qolgan dam,

Tortinmasdan yo'qlarlar meni.

Bermas javob qilsam qo'ng'iroq,

Ular bo'lgandi mendan yiroq,

Lek men kerak bo'lib qolgan choq,

Tortinmasdan yo'qlarlar meni.

Shunchalar ham bo'larmi ayyor,

Yonginamga qaytishga tayyor,

Ularda bormi, eh nomus_or!

Tortinmasdan yo'qlarlar meni.

Sen kimsan deb sensiraganlar.

O'zlaricha mensimaganlar,

"Qo'lingdan ne kelar" deganlar,

Tortinmasdan yo'qlarlar meni.

Armonni yig'latib qo'ying.

Orzuli dunyoda orzular qilib,
Sarob-u armonni bir chetga surib,
Baxtni dilingizga asira olib,
Siz bugun armonni yig'latib qo'ying.

Sezilsin baxtingiz ul chexrangizdan,
Dunyo sarmast bo'lsin shul baxtingizdan,
Bir dona iltimos_ o'tinchim sizdan,
Siz bugun armonni yig'latib qo'ying.

Bo'lsa ham dunyoning ko'st_u kamlari,
Bir chetga suring tashvish_g'amlarin,
O'tkazing umrning quvonch damlarin,
Siz bugun armonni yig'latib qo'ying.

"Men baxtliman deya o'z_o'zingizga.

Tabassum bag'ishlang gul yuzingizga,

Omad tilang bizdek bir do'stingizga,

Siz bugun armonni yig'latib qo'ying.

She'r muallifi: Shoir Baxriddin Mirzo Shoxobiddinov

*****

Ozodbek Narzullayev 2006-yil 20-dekabrda Qashqadaryo viloyati Koson tumani Rahimso'fi MFY ga qarashli Boʻston qishlogʻida tavallud topgan. Hozirda sheʼrlari koʻplab nufuzli jurnal va antalogiyalarda nashr etilmoqda. Koʻplab ijodiy koʻrik tanlovlarda oʻz ijodi bilan gʻoliblikni qoʻlga kiritgan.

Onamning duosin olsam boʻlarkan

Ishonib mansab-u topgan pulimga,

Sigʻmadim hattoki yurgan yoʻlimga,

Doimo qaragan mening koʻnglimga,

Onamning duosin olsam boʻlarkan.

Yugurdim ish deya boylikni quvib,

Yuribman oʻzimcha koʻksimni kerib,

Mushtiparim onam qadrini bilib,

Onamning duosin olsam boʻlarkan.

Borimda yoʻqlashdi doʻst-u tanishim,
Yoʻqolib qolishdi tushganda ishim,
Bildim mana bugun aziz doʻst kishim,
Onamning duosin olsam boʻlarkan.

Bilibmanda rosa, men oʻzimni zoʻr,
Aslida bilmabman, ekanmanda gʻoʻr,
Ey doʻstim sen bugun mening holim koʻr,
Onamning duosin olsam boʻlarkan.

Aslida bu dunyo oʻtkinchi ekan,
Davlat-u mansab ham vaqtincha ekan,
Doʻst deb yurganim ham dushmanim ekan,
Onamning duosin olsam boʻlarkan.

Dunyo ishlaridan koʻngil toʻq edi,
Onamdek mehribon bir zot yoʻq edi.
Ozodbek afsusda shunday soʻz dedi,

Onamning duosin olsam bo'larkan

Sensizlikka qanday ko'nay

Yor-yorlaring azob berar bu qalbimga,
Dardim ko'pdir davo istab qayga chopay,
So'zlaring tikondayin botar ko'nglimga,
Ey sevgilim sensizlikka qanday ko'nay.

Boyning qizi kambag'alni sevmas ekan,
Chin sevgi deb hatto yonib kuymas ekan,
Chin oshiqning dardlarini bilmas ekan,
Ey sevgilim sensizlikka qanday ko'nay.

Mensiz bugun baxt toparsan u uyingdan,
Bag'rim o'yib qaytmoqdaman men to'yingdan
Yurak ado bo'ldi-ku hijron kuyingdan

Ey sevgilim sensizlikka qanday ko'nay.

Ayriliqning azobini totdim bu kun,
Ayrildim-da yor sendan nahotki bugun,
Ko'nglim yorishmaydi bo'ldi-da qora tun,
Ey sevgilim sensizlikka qanday ko'nay.

Dardlarim ko'p lekin davo topolmadim,
Sevgan edim lek qalbimni ocholmadim,
Ammo bugun azoblarda zor yig'ladim,
Ey sevgilim sensizlikka qanday ko'nay.

Bugun to'ying, yangramoqda o'lan yor yor,
Bo'lmoqdasan bag'rim yoqib o'zgaga yor,
Ozodbekni firoqingda etding-da zor,
Ey sevgilim sensizlikka qanday ko'nay.

*****

Dildora Uktamova Qashqadaryo viloyati Koson tumani 33-maktabning 10 -B sinf o'quvchisi. Hozirgi vaqtda ,,Nurli cho'qqilar" nomli ilk kitobi nashr etilgan. Qozog'iston respublikasi ,,Qo'shqanot" yozuvchilar uyushmasi a'zosi. ,,Qashqadaryo jilg'alari" to'plamida, ,, O'zbekiston yoshlari" antalogiyasida, ,,Qizlar ovozi klubi tomonidan tashkillashtirilgan to'plam"da. ,,Kuyla bolaligim "antalogiyasida "Yoshlar bayozi" da ,,Послы просвещения" almanaxida. ,, Buyuk jadidchilar izdoshi " almanaxida, ,,Buety hearts" va ,, Baxt elchilari antalogiyasida, Germaniyaning ,, Raven Cage" jurnalida va bir qator davlatlarda , ya'ni Buyuk Britaniya,Rossiya, Mongoliya , Amerikada she'rlari chop etilgan. ,,Ijodkor yoshlar" va ,, Iste'dod chorlovi" klubi a'zosi. Koson tumani gazetasida she'rlari muntazam ravishda chop etilib turadi.

She'riyat bo'stoni

Borar bo'lsam agar , ul go'zal joyga,

Nafislik qurshovi cho'lg'aydi meni.

O'xshatar bo'lsam gar so'zlarin soyga,

She'riyat bo'stoni ta'riflar neni.

Ko'nglim ichra gullar, gullaydi qiyg'os,

To'lqinlanib toshgan, ajib nur misol.

Bisotim so'zlaydi , so'zlaydi bexos

She'riyat bo'stoni ajoyib timsol.

Goh yog'du, goh bo'lar falak gardishi,
She'riy bo'stonlarning so'zlari go'zal.
Faqat hukm surar qalb farmoyishi
She'riyat bo'stoni so'zlaydi g'azal.

Shoirona tilni bilish katta baxt,
Qalblarning suhbati sirli qo'llangan.
Makonga yetmoqchun, kerakdir ko'p vaqt,
She'riyat bo'stoni bizga yo'llangan.

Borar bo'lsam agar, ul go'zal joyga,
Nafislik qurshovi cho'lg'aydi meni

Sinfdoshlarim

Ularsiz davra ham jo'shqin bo'lmaydi,
To'qqiz yil baravar o'qiganlarim.
Sizlarsiz hayotda ko'nglim to'lmaydi,
Mening qalbi qaynoq, sinfdoshlarim.

Sizlar bor yuzimdan kulgu arimas,

Hazillarga tashna, kozda nurlarim.

Kulib yurgan odam aslo qarimas,

Shaddodlikda tengi yo'q, sinfdoshlarim.

Erkalikni ham-ki, havoga yo'ygan,

Oydan ham chiroyli dugonalarim.

Sinfdoshlar uchun o'z mehrin qo'ygan,

Mehri to'lib toshgan, sinfdoshlarim.

Shifokor bo'lish-chun har on, har damda,

Ikki fanni mahkam ushlaganlarim.

Bilmingiz ko'rsating,qilmayin kanda,

Bo'lajak shifokor , sinfdoshlarim.

Harbiylikda hamki, tengi yo'qsizlar

Har sohaga oshno bo'lgan do'stlarim.

Kelajakda albat, qoldirib izlar,
Maqsadlarga yeting, sinfdoshlarim.

Tarjimon, jurnalist sohasiga ham
Qiziqish uyg'otgan shalolalarim.

Baland parvoz qilib, intiling har dam,
Mashhurlikda tengi yo'q, sinfdoshlarim.

Uylar chiroyiga hissasin qo'shgan,
Qo'li gul, hunarmand,aziz do'stlarim.

Inson ko'ngli uchun,kayfiyat qo'shgan,
Sira charchamagan sinfdoshlarim.

Shoira do'stingiz Dildoraning ham,
Ilhomin keltirgan, qalb gavharlarim.

Hayot davomida sira chekmang g'am,
Doim omon bo'ling, sinfdoshlarim...

Omon bo'laylik

Mehrli go'shaga qadamlar qo'yib,

Oqibat rishtasin mahkam ulaylik.

Dildagi so'zlardan maroq -la to'yib,

Bu go'zal zaminda, omon bo'laylik.

Qalblardan quvonch-u, yuzlardan kulgu,

Taralib, taralib xandon kulaylik .

Hayotni aylabon misoli gulgun,

Bu go'zal zaminda, omon bo'laylik.

Bizlar-chun bu dunyo, sinovdir axir,

Sevgimiz taratib baxtga to'laylik.

Yoru do'stlar bilan oshib qir , adir,

Bu go'zal zaminda, omon bo'laylik.

Sochilsin, sochilsin qalblardan nurlar,

Mehr -muhabbatga to'lib yuraylik.

Shuvillab o'tmoqda har necha kunlar,

Bu go'zal zaminda, omon bo'laylik.

******

Ibrohimova Halima Vahobjonovna 2007-yil 11-fevralda Õzbekiston Respublikasi Buxoro viloyati Shofirkon tumanida tuġilgan. Hozirda Navoiy viloyati Uchquduq tumanidagi 7-MFCHÕIDUMning 11-sinf õquvchisi. Shu paytgacha bir qancha xalqaro tanlov va antalogiyalarda qatnashib sertifikatlarni qõlga kiritgan. "Qalbimdagi satrlar" she'riy kitobi muallifi. Zulfiya nomidagi davlat mukofotiga nomzod. Bir qancha she'rlari jurnal va gazetalarda chop ettirilgan. "Yosh ijodkor 2024" kõkrak nishoni sohibasi, XDP a'zosi.

Olimpiadaga ketgan yosh sportchilarimizga bag̣ishlanadi

Siz millatning sharafisiz, g'ururisiz shonisiz,

Jahonga yuz tutgan elning asl bunyodkorisiz,

Yasholmaysiz, temurbegu alpomishning qonisiz,

Sizlar uchun duodadir butun ona xalqingiz

Oltin kumush medallarni yurtga olib qaytingiz!

Kim kõribdi õzbegimning jasur õg̣il qizlarin,

Yodga olib g̣ururlaning yurtboshimiz sõzlarin,

Albat quvonch namlantirsin õsha qora kõzlarin,

Mag̣rur bõling, tog̣dan baland sõnmasin hech shaxtingiz

Oltin kumush medallarni yurtga olib qaytingiz.

Tarix sizga õrnak bõlsin, yoshlar bersin shijoat

Alloh sizdan ayamasin omad baxtu saodat

Shunday buyuk inson bõling kelajakka imorat

Shu õlkada tugilmoqlik sizning asli baxtingiz

Oltin kumush medallarni yurtga olib qaytingiz.

Sizdek farzand ulġaytirdi shunday aziz bir makon

Shu yurt uchun fido bõlsa, arzir ekan hatto jon

Bõlsa bõlsin Õzbekiston butun dunyoga doston

Sizga jahon teng kelolmas õzbekman deb aytingiz

Oltin kumush medallarni yurtga olib qaytingiz.

Madhiyamiz yangraganda kõzingizga tõlib yosh

Ustozlarni pir deydilar, ular sizga yelkadosh

Medallarni taqish uchun egilganda maġrur bosh

Ģurur bilan, faxr bilan tõlsin butun qalbingiz

Oltin kunush mrdallarni yurtga olib qaytingiz.

Biz sizlarga ishonamiz, siz qahramon bõlgaysiz
Qaytgach yurting ostonasin õpib kõzga surtgaysiz
Sizni qancha olqish kutar, ammo buni bilmaysiz
Chempionlik nishonasin taqib maġrur qaytingiz
Oltin kumush medallarni yurtga olib qaytingiz.

******

Muslimbek Siddiqov 2010-yil 8-iyunda Farg'ona viloyati, Furqat tumani, Bekobod qishlog'ida tavallud topgan. Hozirda Marg'ilon shahrida joylashgan "Erkin Vohidov nomidagi ijod maktabi"ning 8-sinf o'quvchisi. She'rlari turli xil jurnal va gazetalarda chop etilgan.

Bugun ko'kka to'lin oy chiqdi,

Vafodordur u sendan ko'ra.

Seni qancha sog'inganimni,

Ishonmasang shu oydan so'ra.

Bedorlikda o'tkan har tunim,

Holim ko'rib yig'ladi bulut.

Azoblanma, xavotirlanma,

O'tmishingni shunchaki unut.....

Yoshlik

Tuproq ko'chalardan chopgan bolalik,

Yillar changi ichra asta yo'qoldi.

Bolalik ketdiyu, sho'x suhbatlarda

Uni kula-kula eslamoq qoldi...

Tuproq ko'chalardan chopgan bolalik,

Vaqt oz girdobiga bormoqda tortib.

Yuragim chulg'aydi qo'rquv va g'ashlik,

Yillar ketmoqda uni kiftiga ortib.

Falakni qitiqlab uchgan qaldirg'och,

Ketadimi endi kelajak sayin.

Chayqalar havoda katta simyog'och,

Yillar o'tadi va qulashi tayin.

Mavj urar to'lqinlar, mavj urar dengiz,

Yig'laydi hattoki osmonda quyosh.

Yoshlikda o'tgan har lahzalar tengsiz,

Qaytmas endi ular olib ketdi bosh.

Tunlari yig'layman ko'ngil dilpora,

Qo'msayman har nafas har onda uni.

Bilaman qaytmaydi endi bolalik,

U ketdi va boshlandi bedorlik tuni.

Uchasan manziling o'zga bir xilqat,

Yoshlikning o'tkan har dami g'animat...

Ishq

Pishgan har uzumimga,

Ishq yozuvin yozgansiz.

Chumchuqlar bilasizmi,

Siz aqldan ozgansiz.

Qoʻrqoq xona

Kuyibdi shiftdagi chirog',

Endi uyquyim qirqyapti.

Dada chiroq qo'yib bering,

Menmas xona qo'rqyapti.

******

Ibodullayeva Sabohat 2004-yil 27-sentabrda Buxoro viloyati Shofirkon tumanida tavallud topgan. Hozirda Buxoro Davlat Pedagogika instituti Pedagogika va ijtimoiy fanlar fakulteti talabasi. She'rlari va maqolalari ko'plab nufuzli jurnal va antalogiyalarda nashr etilmoqda. Ko'plab ijodiy ko'rik tanlovlarda xususan kitobxon tanlovlarida g'oliblikni qo'lga kiritgan.

Foniy dunyo

Yarim tun. Sukunat, jimlik cho'kkanda

Olam darpardasin tushurdim asta,

Qalbda titroq ila, oldim qalamni

Varoq dil so'ziga, to'ldi birpasda.

Hayot daryo ekan, irmoqlari ko'p,

Unda na shafqat bor, na bor muhabbat.

Girdobiga tortib, qilar talato'p,

Yengib chiqa olsang g'olibsan faqat.

Foniy bu dunyoning, yo'llarin aro

Kezaman umrimni qilib sarhisob.

Yakunin neligin bilmasman ammo,

Bilganim, savobdan gunoh behisob.

Shukrona

Sen yozgan taqdirga, roziman Rabbim,
Bir sening ishqingla, yonsin bu qalbim.
Dunyo matohini bir chetga surib,
Faqat zikring ila, band boʻlsin tilim.

Goʻzal kunlarimning shohidi sensan,
Mahzun damlarimda, qalb malhamimsan.
Marhamating aslo darigʻ tutmagan,
Taqdirimni yozgan muallifimsan.

Boshimni egaman sening oldingda,
Gunohim kechirgil, deya soʻrayman.
Behisob shukrona aytaman senga,
Barcha musibatni baxtga oʻrayman.

Sajda ajoyibdir, qiymati cheksiz,
Yerda pichirlaysan yetar samoga.
Bu Alloh ne'mati, qudrati shaksiz

Duolaring borar, Arshi a'loga.

Hayot

Meni olislarga olib ket hayot,

Sukutlarga cho'mib, qolmog'im uchun.

Orzularim qasri bo'lmasin barbod,

Olib ket, o'zgacha qurmog'im uchun.

O'zim bilan yuzlashay bir bora, bir on,

Yechim izlay javobsiz savollarimga.

Sukutlardan yaratay bir mo'jaz makon,

Toki qalb ishonsin javoblarimga....

Tunlar sahargacha qolurman bedor,

O'ylayman, bir lahza kechmishlarimni.

Sarhisob qilaman takror va takror,

Menga saboq bergan xatolarimni....

Kunlarimni baxtga ulamoq uchun

Ruhim oldindayu, ortda qadamlar

Taqdirning bitganin anglamoq uchun,

Hayot, tuhfa etgin sabrli damlar....

*****

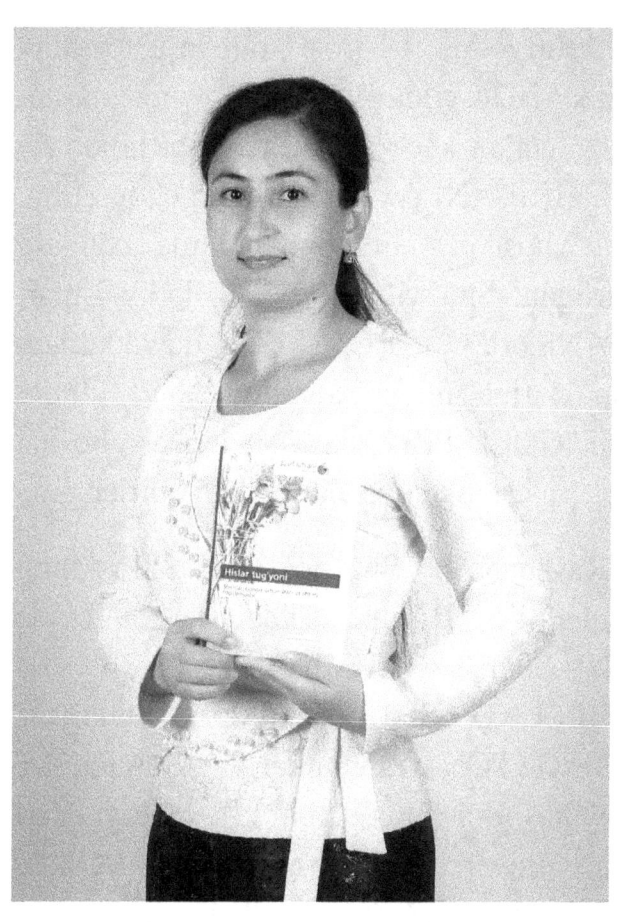

Ravshanova Shaxnoza Abduqaxxorovna O'zbekiston Respublikasi Qashqadaryo viloyati Qarshi tumani Niyozmudin qishlog'ida ziyoli oilada dunyoga kelgan. Hozirda Qarshi shahridagi Axborot texnologiyalari va menejment universitetining Defektologiya yo'nalishi 2-bosqich talabasi.

Ravshanova Shaxnozaning 2012-yilda "Dilmdagi so'z"

nomli she'riy to'plami Toshkent shahridagi "Fan va texnologiya" nashriyotida, Charos Uralova ustozining tashkilotchiligida 2024-yilda "Hislar tug'yoni" nomli (she'rlar, bolalar uchun she'r va she'riy topishmoqlar) kitobi BUYUK BRITANIYA nashriyotida chop etilib, morebooks va boshqa nufuzli saytlarda xalqaro sotuvga chiqarilgan. Shu yilning o'zida ijodiy ishlari MISR, INDANEZIYA, ROSSIYA davlatlardagi xalqaro almanaxlariga muvaffaqiyatli qabul qilinib, ko'krak nishoni "GOLD PEN-2024" stauetikasi, bosma kitob, sertifikat, va estalik sovg'alar bilan taqdirlangan.

Shuningdek Ravshanova Shaxnoza ROSSIYAning "Корабль Знаний" (Bilimlar kemasi) tanlovida "ONA" she'ri bilan, "ЗВЁЗДНЫЙ ПУТЬ" da "DUNYODAGI ENG SHIRIN TAOM" hikoyasi BILAN, O'ZBEKISTON respublikasida "MA'RIFAT ULASHIB" loyihasi doirasida Axborot texnologiyalari va menejment universitetida o'tkazilgan "IJODIY ISHLAR" tanlovida "O'ZBEKISTONIM" she'ri bilan ishtirok etib, faxrli 1-o'rinni olganligi uchun 1-darajali "DIPLOM" bilan taqdirlangan.

TIFLOPEDAGOGIKA. KO'RISHDA NUQSONI BO'LGAN BOLALAR TA'LIM-TARBIYASI

O'zbekiston Respublikasi Qashqadaryo viloyati Qarshi

shahridagi Axborot texnalogiyalari va menejment universiteti

Defektologiya yo'nalishi talabasi

Ravshanova Shaxnoza Abduqaxxorovna

Annotatsiya: Ushbu maqola tiflopedagogika hamda ko'rishda nuqsoni bo'lgan bolalar ta'lim-tar-biyasi, nuqsonlar va ularning kelib chiqish sabablari va oqibatlari haqida shu bilan birga orttirma ko'z kasalliklarini oldini olishga qaratilgan tafsiyalar, ko'rishida nuqsoni bo'lgan uchun yaratil-gan imkoniyatlar haqida.

Kalit so'zlar: Taktil, brayl, tasavvur, pedagogik, ambliopiya, inklyuziv, defektolog, anamaliya, harakatdagi kamchiliklar,korreksiyalash.

Sog'lik-salomatlik bu so'z qanchalar jarangdor. Afsuski sog'-salomat insonlar doim ham sog'likni qanchalar katta boylik ekanini anglab yetmaydilar. Aynan shu sababli sog'likni asrashga toki undan qisman bo'lsin ajramaguncha e'tibor qarat-maydilar. Bolalarni bola tushunmaydi deymiz-u, ko'p hollarda bunga hatto ota-onalar ham bee'tibor bo'lishadi. Bolani xarhashasi, shusiz ovqatlanmasligi-yu, ishlari boshidan oshib yotganligi bilan nafaqat atrofdagilar o'zlarinida aldab, eng katta boyliklari:- farzandlarining eng katta boyligi:-sog'ligini boy berishadi. Ho-zirda ma'lumotlarga ko'ra, ko'zi ojizlik tug'ma bo'lishi nisbatan qisman kamayi-shiga erishilgan ammo,orttirima zaif ko'ruvchilar soni ortganligi yuqoridagi fikr-larning yaqqol dalilidir. Ma'lumot o'rnida: orttirma ko'z kasalliklari bilan ro'y-hatga olinganlarning aksariyati bolalardan tashkil topgan bo'lib, erkaligi, injiqlanib ko'nmasligi sababli tarbiyalovchilarning (ota-ona, opa-aka, tarbiyachisi) ko'p telefon, kampyuter, oynai jahonga bog'lanib qolishiga yo'l qo'yib berishlari asos qilib ko'rsatilmoqda. Holbuki bu kabi "bolaning erkaligini ko'tarib tarbiyalash" nafaqat ko'z kasalliklari, aqliy qoloqlik, odamovilik, serzarda, injiq, xotirani sust-lashishi kabi qator kasalliklarga sabab bo'lishi mumkin.

Prezidentimiz Shavkat Mirziyoyevning 18. 04. 2022- yildagi „Ko'zi ojiz va zaif ko'ruvchi bolalar uchun ixtisoslashtirilgan maktab-internatlarda ta'lim berish sifa-tini oshirish hamda ular faoliyatini yanada takomillashtirish chora-tadbirlari to'g'-risida"gi qarorlari qabul qilindi. Qarorga ko'ra, ko'zi ojiz va zaif ko'ruvchi bolalar uchun ixtisoslashtirilgan maktab-internatlari („Nurli maskan maktab"lari) deb nomlandi. Ko'rish nuqsoniga ega bolalarni o'qitishni zamonaviy texnalogiyalar asosida tashkil etish maxsus pedagogikaning dolzarb masalalaridan hisoblanadi.

Tiflopedagogika (grekcha tyuplos so'zidan olingan bo'lib, ko'r va pedagogika ma'nolarini anglatadi) ko'rish jarayoni chuqur buzilgan insonlarni tarbiyalash va o'qitish muammolarini ishlab chiquvchi defektologiyaning bir bo'limi hisoblanadi.

Zamonaviy tiflopedagogika rivojlanish nuqsonlari va anamaliyalarini tugatish va oldini olish yo'llarini, buzilgan funksiyalarni kompensatsiya(ta'lim-tarbiya jarayo-nida sog'lom sezgi a'zolariga tayanish) lash mexanizmlari va shartlari, turli yosh-dagi ko'rishida nuqsoni bo'lgan bolalarni o'rganish, ularni o'qitishni nisbatan yuqori pog'onaga ko'tarish, ushbu toifadagi shaxslarni kelgusi hayotda o'z o'rinlarini topishlariga muvofiq bo'lishlari muhim. Tiflopedagogika o'z tadqiqot obyektiga ega bo'lib, tadqiqod metodlari tiflopedagogikaning takomillashib bori-shiga yordam beradi. Ular quyidagilar:

1.Ilmiy adabiyotlarni o'rganish;

2.Pedagogik nazorat;

3.Ilg'or pedagogik tajribani o'rganish;

4.So'rovnoma;

5.Suhbat;

6.Bolalar ishini o'rganish;

7. Maktab hujjatlarini o'rganish;

Ko'zi ojizlar va zaif ko'ruvchilarda ularni o'rab turgan dunyoni idrok etish va bilishda teri orqali bilish muhim ahamiyatga ega. Taktil idrok etish har xil komp-leks sezgilar (qo'l tekkizish, bosim, issiqlik, og'riq va boshqalar) orqali ta'minla-nadi. Ko'rishda nuqsoni borlarni 2 guruhga ajratish mumkin:

1. Ko'zi ojizlar;

2. Zaif ko'ruvchilar.

Ko'zi ojizlar ko'ruv o'tkirligiga ko'ra 2 turga bo'linadi.

1. Total ko'rlar. 0 ko'rish o'tkirligi;

2. Qisman ko'zi ojizlar. Ko'rish o'tkirligi 0,05 gacha.(yorug'likni sezadigan)

Kelib chiqish sababiga ko'ra ham 2 ga bolinadi:

1. Tug'ma ko'zi ojizlar;

2. Orttirilgan ko'zi ojizlar.

Zaif ko'ruvchilar ko'rish o'tkirligiga ko'ra quyidagicha turlarga bo'linadi:

0,05 dan 0,1 gachalar (o'qitish Brayl alifbosida tashkil etiladi)

0,1 dan 0,2 gacha, 0,2 dan yuqori va 0,4 va 0,9 gacha.

Bu nuqsonlar mavjud insonlarga maxsus va to'g'ri tanlangan o'qitish metodikasi qo'llanmasligi ikkilamchi nuqsonlarni kelib chiqishiga asos bo'lib xizmat qilishi mumkin. Bular:

-sensor apparatlarning toliq shakllanmaganligi;

-tasavvur va tushunchalar borasidagi kamchiliklar;

-fikrlashdagi kamchiliklar;

-nutq rivojlanishidagi kamchiliklar;

-harakatdagi kamchiliklar.

Ko'rishda nuqsoni bo'lgan bolalar uchun bog'cha faoliyatida 4 ta asosiy vazifani belgilash mumkin. Ularning bajarilishi nafaqat bolalarning umumta'lim dasturlari-ni o'zlashtirishga imkoniyatlarini oshiradi, balki rivojlanishdagi ikkilamchi nuqsonlarni korreksiyalash va kompensatsiyalashni ta'minlaydi.

1.Qisman ko'radigan va zaif ko'ruvchi bolalarda saqlangan ko'rish funksiyalarini rivojlantirish, ambliopiya va g'ilay bolalarni normagacha tibbiy va pedagogik vosi-talar bilan tiklash.

2.Bolalarning rivojlanishi o'quv dasturni ("Bolajon"o'quv dasturi) o'zlashtirish uchun psixik-jismoniy rivojlanishi xususiyatlarini hisobga olgan holda qulay sharoitlar yaratish.

3. Bola hayotining dastlabki oy-yillardagi noto'g'ri tarbiya natijasida yuzaga keladigan ikkilamchi nuqsonlarni korreksiyalash.

4. Ko'rishda nuqsoni bo'lgan maktabgacha yoshdagi bolalarda bilim, o'yin, mehnat faoliyati kompensator usullarini shakllantirish.

Respublikamizda jismoniy rivojlanishida nuqsoni bo'lgan bolalarni ijtimoiy himo-yalash, o'qitish va tarbiyalash masalalari davlat siyosati darajasiga ko'tarilgan. O'zbekiston Respublikasi "Ta'lim to'g'risida"gi qonuni (23-modda) va davlat tomonidan 1992-yilda ratifikatsiya qilingan BMT ning "Bola huquqlari to'g'risida" gi Konvensiyasi (23-modda) da nuqsonli bolalarni alohida parvarishlash, ta'limdan foydalanish, munosib turmush kechirish huquqlariga egaligi e'tirof etilgan. Shu-ningdek Prezidentimiz Shavkat Mirziyoyevning 2019-yil 29-apreldagi Ozbekiston Respublikasi Xalq ta'limi tizimini 2030-yilgacha rivojlantirish, alohida ta'lim ehti-yojlari bo'lgan bolalarga ta'lim-tarbiya berish tizimini takomillashtirish hamda ularga ko'rsatiladigan ta'lim xizmatlari sifatini yaxshilash maqsadida "Alohida ta'-lim ehtiyojlari bo'lgan bolalarga ta'lim-tarbiya berish tizimini yanada takomillash-tirish chora-tadbirlari to'g'risida"gi qarorlari qabul qilindi. Inklyuziv ta'lim vazi-fasi bolalarning qobilyatlari va holatidan qat'i nazar, ulaning barchasiga sifatli ta'-lim taqdim etishdan iborat. Shu bilan birga inklyuzivlik tamoyili imkoniyatlari cheklangan bolalar ijobiy ruhiy va ijtimoiy rivojlanishga ega bo'lishlari uchun oila-da yashashlari va o'z tengdoshlari bilan birga oddiy maktabda bilim olishlari lo-zimligini nazarda tutadi. Bu kabi imkoniyatlar bolalarni ruhiyatiga ijobiy ta'sir etishi bilan birga ta'lim darajasiga ham ijobiy tasir etadi. Nuqsonlarni karreksiya-lash bilan yaxshi natijalarga erishish mumkin. Ammo kasalni davolashdan uning oldini olgan yaxshiroq. Bolalarni kitob mutoalaasiga qiziqtirish telefondan uzoqlashtirishning oddiy usuli . Shu kabi usullardan foydalanib, bolalarimizni sog'lom va barkamol etib tarbiyalaylik. Toki farzandlarimiz yurtimiz iftixori bo'lib ko'z-u qalblarimizni quvontirib yuri

Foydalanilgan adabiyotlar

1. O'zbekiston Respublikasi Prezidentining "O'zbekiston Respublikasi ta'limni 2030-yilgacha rivojlantirish kontsepsiyasini tasdiqlash to'g'risida"gi farmoni//Qonun hujjatlari ma'lumotlari milliy bazasi.

2. P.M.Po'latova, L.Sh.Numuhammedova, D.B.Yakubjonova, Z.N.Mamarajabova, Sh.M.Amirsaidova, A.D.Sultonova "Maxsus Pedagogika" Toshkent-2014.

3. V.S.Raxmonova "Defektologiya asoslari" T.:"Niso Poligraf" nashriyoti 2014-y.

******

Ilhomova Mohichehra Azimjon qizi 2010-yil 22-avgustda Navoiy viloyati Zarafshon shahrida tug'ilgan. Respublika "Ijodkor bolalar" to'garagi a'zosi. She'r yozishga qiziqadi.ko'plab diplom va sertifikatlar sohibasi. Undan tashqari, ko'plab xalqaro sertifikatlarni ham qo'lga kiritgan. Tanlovlarda qatnashib turli xil sovg'alar sovrindori bo'lgan. She'rlari O'zbekistondagi " O'zbekiston radiosi" nomli radioda ham chiqish qilgan. She'rlari Germaniyaning " Raven Cage" jurnalida, Afrikaning " Kenya times" , O'zbekistonning "Smile" jurnalida chop etilgan. Mohichehraning she'rlari "Google" tarmog'iga ham chiqish qilgan. Amerika jurnallarida ham chiqish qilgan. "Ijodkor bolalar" to'garagi tomonidan yil davomida tashkil etilgan tanlovlarda faol ishtirok etib, 1-darajali diplom va esdalik sovg'alarini ham qo'lga kiritgan. "Buyuk orzular" va " Samo yulduzlari" nomli kitoblari butun dunyo bo'ylab sotuvga qo'yilgan.

Siz g'olibsiz

(Diyora Keldiyorovaga atalgan)

O'zbekni mashhur qilib,

Yurt sha'nin buyuk bilib,

Katta sovrinlar olib,

Kelganingiz muborak.

Sizga qarsaklar bo'lsin,

Qo'lingiz gulga to'lsin.

Sizni men qadrlayman,

Chin dildan tabriklayman.

Yutuqlar boʻlsin qutlugʻ,

Sportchisiz eng buyuk.

Diyora Keldiyorova,

Siz gʻolibsiz mardona!

Daraxt

Yer tagidan oʻsasan,

Mevang boʻlsa oʻljasan .

Boshing har doim magʻrur,

Bordek senda ham gʻurur.

Qishda qolding bekiyim,

Ammo, koʻrkisan uyim.

Sen kuz fasli oyida,

Tilla rangga boyiding.

Bahorda sen gullading,

Nafislikni yoʻllading.

Yozda ham sen kiyinding,

Yashil rangga toʻyinding.

Unutmagin sinfdosh.

Koʻrishmaymiz biz uch oy,

Eslab turgin ey sirdosh.

Bilaman sen mehribon,

Unutmagin sinfdosh.

Endi aniq sogʻinaman,

Rasm ila ovunaman.

Sen boʻlgansan partadosh,

Unutmagin sinfdosh.

Qo'ng'iroqlar qilib tur,

Yo xabarlar yozib yur.

Birlashtirgan sinf bor,

Unutmagin sinfdosh.

Sensan o'sha qalbi quyosh,

Mehr ila ochgan quloch.

Menga bergansan bardosh,

Unutmagin sinfdosh.

******

Shodiyeva Mehribon Amin qizi 1998-yilda Buxoro viloyati Shofirkon tumanida tug'ilgan. Yosh ijodkorning she'rlari "Shofirkon ovozi", "Buxoroyi sharif", "Istiqlol g'unchalari", "Buxoro adabiyoti va san'ati", "Bilimdon", "Dono word" kabi gazeta va jurnallarda bir necha bor nashr qilingan. "Nurli manzillar", "Beg'ubor orzular" nomli to'plamlari chop etilgan. Hozirda Buxoro davlat Pedagogika instituti mustaqil izlanuvchisi.

Ayol

O'ziga xos ibosi-yu hayosi,
Bu olamda topilmaydi qiyosi,
Tillolarga tengdir uning bahosi,
Misoli gavhardir o'zbek ayoli.

Doim aziz erur unga dilbandi,
Ko'nglini og'ritsa hamki farzandi,
Qalbining tubida yashirin dardi,
Barcha dardi ichda o'zbek ayoli.

So'ziga hamohang bulbulning sozi,
O'ziga yarashur ishva-yu nozi,
Yoqimli kuy misol yangrar ovozi,
Sanamlar sarvari o'zbek ayoli.

Ko'nglini o'ksitmang, chekmasin ozor,

Farzandlari uchun har nega tayyor,

Oilada mudom sadoqatli yor,

Sadoqat timsoli o'zbek ayoli.

******

Eshmo'minova Farzona Mamatqul qizi 2008-yil 17-avgustda Surxondaryo viloyatida tavallud topgan.Hozirda Jarqo'rg'on tumanidagi 62-sonli umumta'lim maktabi o'quvchisi.6-sinfni tugatganidan so'ng uch oy davomida Yosh Jurnalistlar Maktabi da tahsil olgan.hozirda Shohida Yusupovaning "Shine qizlar akademiyasi" tomonidan vebinarlarga qatnashib sertifikatlar va sovg'alarga ega bo'lgan.Respublika qizlar ovozi klubi a'zosi. Young leaders klubi a'zosi.50 ga yaqin xalqaro sertifikatlar Intilish Evh va Shijoat Evh tashkilotlari volontyori.

Prezidentimga

Assalom so'zning boshi, Salom sizga bobojon,

Sizsiz yurtning yo'lboshi, yurt ham tinchdir har qachon.

Mustaqil atalmish yurtda, Bizlar yashaymiz omon,

Bunda hissangiz katta, Sog' bo'ling siz har qachon!

Siz-la innovatsiyalar, Kirib keldi bir zumda,

"IT"chi bolalar,paydo bo'ldi yurtimda.

Siz sabab "Yosh kitobxon", paydo bo'ldi TV da,

"Spark"mingan bolalar, ko'paydilar xalqimda.

Musiqa va san'atga e'tibor qaratildi.

Fan va texnikada yangilik yaratildi.

Sport hamda adabiyot,qolib ketmadi yo'lda,

Zavod-u fabrikalar barpo etildi cho'lda.

Volontyorlikning qiziqarli ta'rixiga nazar solamiz!

Ayni vaqtda O'zbekistonda "Volontyor" so'zi va kasbi har bir viloyat va hududlarda tilga olinib kelyapti va rivojlanyapti. Xattoki Aristotel ham bu sohaga mos mazmunda shunday degan edi: "Hayotning mohiyati boshqalarga xizmat qilish va yaxshilik qilishdir".

Volontyotlik hayotimizning bir bo'lagiga aylangan vaqtda uning tarixini bilmasak "uyat" bo'ladi!

Keling avval bu so'z tarixiga to'xtalib o'tsak: Volontyor so'zi inglizcha "volunteer" so'zidan kelib chiqqan.bu so'zning ma'nosiga kelsak birinchi o'rinda "biron narsani amalga oshirishda ko'ngilli bo'lmoq" degani. Bu so'zning ikkinchi ma'nosi ham bor bo'lib "harbiy xizmatga o'z xohishiga ko'ra bormoq" degan ma'noda ekan. Shu o'rinda savol tug'iladi: volontyorlikka xarbiy xizmatning nima aloqasi bor?

Volontyorlik ya'ni ko'ngillilik so'zi birinchi marta 1755-yilda qayd etilgan. Harbiy bo'lmagan ma'noda bu so'z birinchi marta 1630-yillarda „o'zini harbiy xizmatga taklif qilgan" ma'nosida ishlatilgan. O'sha paytda "volunteer" so'zi ilk marotaba "ko'ngilli" ma'nosida qo'llanilgan. Bunga sabab o'sha davrlarda erkak va ayollarning o'z xohishlari bilan xarbiy xizmatga ketgani bo'lgan va yuqoridagi atama kelib chiqqan.

XIX-asr

Bu vaqt ichida Amerika Buyuk Uyg'onishni boshdan kechirdi. Odamlar kam ta'minlanganlardan xabardor bo'lib, qullikka qarshi harakatning sababini angladilar. Amerikadagi fuqarolar urushi davrida ayollar ko'ngilli ravishda askarlar uchun materiallar tikishdi va „Jang maydoni farishtasi" Klara Barton va ko'ngillilar jamoasi harbiy xizmatchilarga yordam berishni boshladilar. Barton 1881-yilda Amerika Qizil Xoch tashkilotiga asos soldi va 1889-yilda Jonstaun toshqinidan jabrlanganlarga yordam ko'rsatishni o'z ichiga olgan ofat oqibatlarini bartaraf etish operatsiyalari uchun ko'ngillilarni safarbar qila boshladi.

Shu tariqa volontyorlikning tarixi boshlandi va davom etib kelyapti.

Bugungi kunda O'zbekistonda ham volontyorlik harakatlari kengaymoqda. O'zbekistonda keng qamrovli "Universe" volontyorlar maktabi va "O'zbekiston volontyorlar assotsiatsiyasi" tashkil qilindi.Bu ham biz yoshlarga katta imkoniyatlar yaratib berdi.Biz esa bu imkoniyatlardan unumli foydalanaylik va Vatanimiz uchun o'z hissamizni qo'shaylik!!!

Eshmo'minova Farzona.

******

Rayhona Jumaniyazova 2009-yil 21-iyunda Qoraqalpog'iston Respublikasining Ellikqal'a tumnida dunyoga keldi.Oilada 3 ta farzand oila a'zolarining aytishicha u boshqalardan ajralib turadi. Rayhonada har taraflama is'tedot bor.Yutuqlariga keladigan bo'lsak. UNICEF bilan hamkorlikda tashkil qilingan ,,Bolalar va yoshlar uchun do'stona mahalliy boshqaruv tashabbusi" seminar-trening qatnashchisi.

Yosh maslaxatchilar Ellikqal'a tuman kengash a'zosi. Muslima Murodova tomonidan tashkil qilingan ,, O'zbekiston yoshlari" antologiyada o'z ijodiy ishi bosmadan chiqgan.Bundan tashqari Xalqaro ,,Raven Gage Zine" jurnalida bir nechta ijodiy ishlati chop etilgan.,, Maqsadim sari" antologiyasida ham ijodidan parcha nashr qilingan.Hozirda Oltin Qanot volontyorlari Urganch tuman Koordinatori.

Onam

Kunlar o'tsa, yillar ham o'tsa,

Qora sochim rangini to'ksa.

Farzandlarim besabab so'ksa,

Onam kabi bo'larmikanman.

Duolarni olarmikanman,

Dilbandlarim katta qilsam men,

O'z uylarim yakka qilsam men.

Uyim misli makka qilsam men,

Onam kabi bo'larmikanman.

Duolarni olarmilanman,

Bolam-bolam dedi onam ham,

Bo'sh qolmadi o'zi hech bir dam.

Uy-joyini qildi mana jam,

Onam kabi bo'larmikanman.

Duolarni olarmikanman,

******

Shodiyeva Mahbuba Sherali qizi 2000 yil 9-iyunda Buxoro viloyati Romitan tumanida tug'ilgan.Oliy ma'lumotli filolog-pedagog,Romitan tumanidagi 30-maktabning ona tili va adabiyot o'qituvchisi.BuxDU ning o'zbek filologiyasi yo'nalishini tugatib ,2024 yil 9-iyunda bakalavr diplomini oldi.2022 yilda ijodiy-madaniy masalar bo'yicha targ'ibotchi bo'lib ishlagan.30 ga yaqin adabiy-ma'rifiy tadbirlar o'tkazgan..Adabiyot yo'nalishidagi ,,Ilhom" to'garagi asoschisi.20 ga yaqin shogirdlari bor. 30 ga yaqin viloyat ,respublika tanlovlari g'olibi, xalqaro konferensiyalar ishtirokchisi,ko'plab loyihalar va konferensiyalar ishtirokchisi.

Nazmda ham ,nasrda ham ijod qiladi..300 ga yaqin she'rlar ,10 ga yaqin hikoyalar muallifi.Yaqinda 1-romanini yozib tugatadi. ,,Izhor" nomli 1-she'riy to'plami nashrdan chiqqan. Yaqinda Muhammad Yusuf tavalludiga bag'ishlangan respublika tanlovida faxrli 3-o'rinni qo'lga kiritdi. ,,Ijodkor qizlar" klubi a'zosi.

Shonli g'alaba.

Titrab ketdi Eyfel minorasi ham,

Zafarlar ustiga shonli zafarlar.

Madhiyang yangraydi Parijda har dam,

Yurtim, seni butun dunyo olqishlar.

Shonli g'alabaga guvohdir dunyo,

Shuhrating jahonga taraldi yana.

Ammo bu zafarlar emasdir ro'yo,

Har o'zbek qalbida buyuk tantana.

Polvonlar shashtidan titradi jahon,

Pahlavon Mahmudlar ruhi shod bo 'ldi.

O'zbegim ,sen suyib o'stirgan o'g 'lon,

Olamda tengi yo 'q chempion bo 'ldi.

O 'zbekning qizlari bo 'sh kelmas hech ham,

To 'marisga munosib avlod bo 'loldi.

Millat ishonchini oqladi har dam,

Mutlaq g'alabaga erisha oldi.

Bugun ona xalqim ko 'zlarida yosh,

Dunyolarga sig 'mas tog 'dek g 'ururi.

Vatanim boshida parvona quyosh,

Hech qachon so 'nmagay shodlik sururi.

Ofarin,sizlarga chempionlarim,

Har o 'zbek qalbida iftixorsizlar.

Temuriylarga mos pahlavonlarim,

Mardlikda tengi yo'q bahodirsizlar.

Buyuk filologlar

(Kursdoshlarimga bag'ishlayman)

Biz boqqan osmonning ranglari moviy,

G 'afur G 'ulom aytganidek umrimiz boqiy,

Zo'r karvon yo'lida misli bir so'fiy,

Buyuk filologlar kerak O'zbekistonga.

Navoiy so'ziga labbay deyolgan,

Har shoir dardini qalbda tuyolgan,

Millat uchun jon berib ko'ksin o'yolgan,

Buyuk filologlar kerak O'zbekistonga.

Adabiyot yashasa, yashnaydi millat,

Har kim qo'ya olsa tilga muhabbat,

Ehtiyoj sezmoqda o'zbek degan millat,

Buyuk filologlar kerak O'zbekistonga.

Qo'lida hilpirab, yurtin bayrog'in,

Qalbida so'nmagan millat titrog'i,

Tilidan tushmasin vatan ardog'in,

Buyuk filologlar kerak O'zbekistonga.

Ajdodlardan meros buyuk muhabbat,

Bizning qo'limizda ravnaqi millat,

Yurt uchun jonini bergandir albat,

O'zbekning fidokor filologlari.

******

Аҳмаджонова Машҳура Акрамжон қизи

Наманган давлат университети "Бошланғич таълим" йўналиши сирткн таълимида 4-босқич талабаси. 1999 йил 25 октябрда Наманган вилояти Уйчи туманида туғилган, миллати - ўзбек.

Уйчи туманидаги 36-сонли мактабда ижодий-маъданий масалалар бўйича тарғиботчи.

Адабиётнинг шеърият йўналишида ижод қилади. Етакчилик, нотиқлик, ташаббускорлик қобилятига эга. Диёримизда бўлаётган ўзгаришлар, яратилаётган имкониятлардан мамнунликни етакчи ўринда тутади. Унинг ижодига мансуб шеърлари Республика, вилоят, туман матбуотларида эълон қилинган.

BAXT BEKATI

Garchi bugun ko'rishmoq qiyin,

Ertangi kun bo'lmaydi fursat.

Hafta, oylar va undan keyin,

Loaqal bir o'zingni ko'rsat.

Bo'lay baxtning yo'liga dovon,

Toleim ham kulsin kundan-kun.

Dilga mahkam chirmashib har on,

Ishq rishtasi tortilsin uzun.

Shu axdga ko'z tegmay o'tayin,

Intilay boz bekamlik uchun.

Ishq kutayin, omad kutayin,

Bari kelsin men kutganim uchun.

Cho'mdirmayin o'ylarga behol,

Chok-chokidan uzilmay yurak.

Kelib bugun dildan so'ra hol,

Degin menga keraksan, kerak.

HAYRAT

Menga salom aytadi yellar,

Olib kelib bahorning sasin.

Yum ko'zingni, yumib tur derlar,

Tutib labga gulning kosasin.

Kiyar sahro zangor libosin,

G'ayrat qo'shib bugun g'ayratga.

Ta'riflarda qizlar ibosin,

Yozdi qalam solib hayratga.

Shukuhida yayradi bu dil,

Sahovati bo'ldi behisob.

Ash'orlarga bog'labon tilni,

Yangi kunni qildi sarhisob.

Kuldi kunlar kutmog'imga mos,

Lol qoldim, lol, har hikmatidan.

Uchdim osmon bolalarga xos,

Tabiatning bu himmatidan.

EHTIROM

Sukunatin singdirib ko'zga,

Qayroq toshin osar kiprikka.

Tilim bog'lab yo'latmay so'zga,

Boshlar xayol o'sha ko'prikka.

Ruhim yerdan ko'tarib sho'x oy,

Nurlariga bosar yuzimni.

Buzmay debmi uyqum xoynaxoy,
Tashlab ketdi yana oʻzimni.

Sokin damni yuklab yurakka,
Boshlar ertak olsin deb orom.
Termultirmay zulmat yoʻlakka,
Oy koʻrsatar ajib ehtirom.

Baxt qasriga eltmoqqa shoshar,
Iztirobdan kutkarib tanni.
Tun shundayin haddidan oshar,
Tanitmoq chun aziz Vatanni.

******

His full name is **Jonpulat Turgʻunov**. He is from Uzbekistan, Andijon. He is 16 years old and currently he is studying at high school 11th grade. He is interested in learning languages. So he is able to speak in 4 languages —Uzbek, Spanish, Russian, English. As well as, he is participating in dozens of programs of US Embassy in Uzbekistan. He is an alumni of English Access Microscholarship program by Us Embassy and Education USA Academy

Connects Program of Embassy. Until now Jonpulat published his articles in international magazines of Germany, Italy, Thailand, India, Kenya and Albany and so he achieved to publish his own book about Uzbekistan.

Essay

Well, The essay of mine is based on overcoming conflicts in my personal life. If I reveal something about my personality, character or lifestyle, I am such a calm, peace, introvert , relaxed person I can say , not having upsetterd the people is one of my manner, because, my character prevent to them, definitely you have a question, why am I writing or exposing my character in that essay, so to explain I have encountered so many problems, conflicts, issues and longitude considerations. Relatively, I am absolutely say as one of the minor member of this generation - people especially youngsters do not want to respect others, genuinely I had had some kind of conflicts with children, individuals and school organization that year, I am going to speak about them one by one in my essay.

Initially, my personal character has caused many misunderstandings with schoolers during my school years, for example I do not fancy having a conversation with the people who are irresponsible, irresistible, irrespective, rough, rude and also stupid , nonetheless, we must have admitted these types of people are more and more around us, once upon a time , when I have paid a visit to school in the back years , some teens in my school had kidding me and say something worse about me, at that time I did not give pay attention to their stereotypes, I though it was a simple childish things of them , but it was not going that I thought , due to their permeant , usual sentences, then it was reached to the high volume and I should have done something to prevent these bad things for me , at this time I had a few conceptions to get rid of their violations or bullying, genuinely you cannot say only done of the bad words, or actions must not be a violation, nevertheless it was not like you thought , therefore I have three ways to figure out this conflict, first of I can utilize adequate manipulations to their psychology , coz if they had had a good personality, they wouldn't have behaviored themselves in this way , in this situation, only did we influence them with the true and impactful opinions and conversation, it was likely to be influencer , or just I ought to address to their guardians or parents, if I was not able to mange it , I would call their parents, so that I have selected the initial manner in the light of straightforward and easy one.Next day I did come across again to them in the prior corridor, tranquility was really dominated at that condition, they bound to reveal some of nasty or unacceptable sayings again and again, after that I had been trying to have a top-notch and real conversation with them, I requested them why they were doing it to me , I had spoken about their life, be a merciful person, like how??? you have a question like that , I brought them to the orphanages' house firstly, then we went to the refugee's ones and punerity locations which poor people reside. Then I said it was not too complex to be better individ , every person has a admirable personality, favourable hobbies, closest acquaintances who is able to shape that person from the core. After this phenomenal situation, every member of his "crew " left there without any words , genuinely they realized that we must have been thankful, respectful, and responsible human, we must take a look for the significant issues around our world , they understood, by kidding someone or embarrassed condition they did not attain their perspectives, it is such an ordinary, provisional feeling. I was both happy to influence for someone to find out the significance of their life why they are living in this life, what the importance of their goals dreams and, indispensably, to be grateful person , due to the fact that's not only did they do these actions for me but also for others, that's why I did these campaigns manners to them, it was beneficial for everyone who were suffering from them , because everyone has a right to live proudly, independently.You might think , these type of people are exist in everywhere and everytime, but if you, me and they don't pay attention, what happens next, I think my story about overcoming the conflict can influence in you to make a big difference.

Thanks for your attention, it was my essay.

******

Men Buxoro viloyati Vobkent tumani 8-umumiy òrta ta'lim maktabi 9-sinf òquvchisi **Sobirjonova Rayhona** bòlaman. Men 2008-yil dekabr oyida Vobkent tumani Chòrikalon qishlog'ida ziyoli oilada tavallud topganman.Onam va dadam meni yoshlikdan qòllab-quvvatlashgan.Yoshlikdan ijodga,adabiyotga,tarixga juda ham qiziqaman.Men ijodni 3-sinfimda boshlaganman.Ilk ijodiy she'rim "Vobkent hayoti"gazetasida nashr etilgan.Bundan tashqari juda kòp jurnallar Amerikaning Synchaos gazetasiga, Hindistonning Namaste India jurnalida, Gulxan jurnalida, Germaniyaning RavenCage jurnallarida va boshqa juda kòp jurnal va gazetalarda ijodiy ishlarim chiqqan.Juda kòp tanlovlarda faol qatnashib yuksak òrinlarni olganman va juda kòp sovg'alarga ega bòlganman,Ijod meni ertam hisoblanadi.Men ijodga juda ham qiziqaman va har bir satrdan bahra olaman.Men kelajakda buyuk tarixchi ustoz, olima va shoira bòlmoqchiman.Men albatta,buyuk kishi bòlib Vatanim Òzbekistonimni nomini kòklarga kòtaraman, inshaalloh!!!

Bir onam doimo qòllab turadi

Shodliklarga tòlib omad kelganda

Quvonchdan kòzlarim quvnab turganda

Onam duolari asrab yuradi

Bir onam doimo qòllab turadi

Kasal bòlsam edi doim parvonam

Uxlamasdan chiqardi hatto tunlar ham

Kòzlari-chi jiqqa yoshlanardi,nam

Bir onam doimo qòllab turadi.

Mehribonim onam,qalqonim onam

Dunyodagi gòzal mehmonim onam

Siz bilan kòrkamdir asl zamonam

Bir onam doimo qòllab turadi

Yiqilsam yugurib,qòlim ushlagan

Men yumshoq,òzi-chi qattiq tishlagan

Farzandlarim deb yonib ishlagan

Bir onam doimo qo'llab turadi

Topganin tutadi dilbandlariga,

Shu bevafo òg'il-qiz farzandlariga,

Erta-kech òylaydi faqat ularni

Bir onam doimo qòllab turadi

Baxt-u iqbolimni òylaydi har on

Men uchun ishlaydi tun-u kun hamon

Yana qayda bordir sizdek onajon

Bir onam doimo qòllab turadi.

Uning mehrlari doim minnatsiz

Bir zum òtirolmas og'ir mehnatsiz

Dunyodagi eng yaxshi onajon sizsiz,

Bir onam doimo qòllab turadi.

Duoingiz olib katta bo'lyapman,

Siz borsiz har kuni beg'am kulyapman

Kundan-kun òzizga òxshab ketyapman

Bir onam doimo qòllab turadi.

Farzandlik vazifam bajaray kulib,

Keyin men yuriygin baxtlarga tòlib,

Afsuslar chekmayin bag'rimni tilib,

Bir onam doimo qòllab turadi.

Allohim omadin bergin onamni,

Yolg'izim,farishtam,bir donamni,

Yagonam, mehribon,durdonamni

Bir onam doimo qòllab turadi

8-maktab ustozlari

Maktabimiz eng zòr maktabdir,

Uning ustozlari juda òzgacha,

Ustida ishlaydi kecha-kun tinmas

Bahor,kuz-u,qish hatto yozgacha.

Erta-kech bilimin ayamay sochar,

Har neni sòrasang òrgatar zumda,

Qalbingga ilm-ziyo eshigin ochar

Òrganib olasan sen ham bir zumda

Òzgacha metodlar darslar boshqacha

Quvonib òqiysan kirgan darsingni

Qiziqar hattoki yetmish yoshgacha

Hurmat qilar sening aytgan sòzingni.

Darsdan chiqar òquvchilar shod

Qayta darsin takror kutadi,

Ustozlarni bir zum qòymaydi ozod

Gòzal qòllaridan asta tutadi.

Ustoz menga òrgating buni,

Bu masala qanday yechilar,

Tushuntirar erinmaydi hech

Masalalar,tayyor yechimlar.

Direktori Nòmonjon aka,

Juda oqil,dono insondir

Zavuchi-chi Madina opa.

Doim òquvchilar tomondir.

Ular bilan maktab ham gòzal,

Kòtarilar nomi kundan-kun,

Òquvchilar yozishar g'azal,

Nomin obod etishar har kun.

Yaxshisi bir keling maktabimizga,

Hammasini òzingiz kòrib olasiz,

Maktabimiz rivojiga rivoj qòshib,

Yana qaytib kelishni kutib qolasiz

******

Oqsil

Yo'ldoshev Abdulloh Bunyodovich

Toshkent davlat stomatologiya institut talabasi

Abdullohaaa.777@gmail.com

Annotatsiya: Ushbu ilmiy maqolada oqsillarning kimyoviy xossalari va tibbiy, biologik ahamiyati haqida ma'lumotlar beriladi.

Kalit so'zlar: Oqsil, protein, kimyoviy xossalari, fizikaviy xossalari, tibbiy xossalari

Oqsillar, proteinlar — molekulalari aminokislotalar qoldig'idan tuzilgan (bir-biri bilan, asosan, amin va karboksil guruxlari orqali birikkan) moddalar. Suvda va tuzli eritmalarda eruvchanligiga ko'ra, proteinlarga tegishli oqsillar 7 ga bo'linadi: albulinlar, globulinlar, glutaminlar, gistonlar, prolaminlar, protaminlar, skleroproteinlar. Pepsin, tripsin, ximotripsin, papain kabi proteolitik fermentlar ham proteinlarga taalluqli. Proteinlar termini, ko'pincha, oqsillar sinonimi sifatida qo'llanadi. Hamma tirik mavjudotlar tarkibiga kiradigan murakkab, azot tutuvchi organik moddalar hosoblanadi. Oqsil hayot faoliyatida muhim ahamiyatga ega. Hujayra tarkibida bir necha ming xil oqsil mavjud bo'lib, ularning har biri ma'lum bir vazifani bajaradi. Shuning uchun ular proteinlar (yunn.

protos — birinchi, eng muhim) deb ataladi. Oqsil hujayra quruq vaznining 3/4 qismini tashkil etadi. Ma'lumki, hamma organizmlarning oqsillari, ularning har xil biologik faolligidan kat'i nazar, bir xil 20 ta standart aminokislotadan tashkil topgan bo'lib, bu kislotalar alohida hech qanday biologik faollikka ega emas. Oqsilning birbiridan kimyoviy farqi, ulardagi aminokislotalarning ketma-ketligiga bog'liq. Aminokislotalar oqsil tuzilmasining alifbosi bo'lib, ularni turli tartibda biriktirib, cheksiz sondagi ketma-ketliklarni, ya'ni cheksiz miqdordagi har xil oqsillarni olish mumkin. Mas, har bir tur organizmda bir necha ming xil Oqsil. mavjud bo'lib, ular turlarining soni 10 mln. atrofida. Matematik izlanishlar shuni ko'rsatadiki, 20 ta aminokislotadan hosil bo'lishi mumkin bo'lgan Oqsil. izomerlarining og'irligi Yer shari og'irligidan og'irroq bo'lar ekan. Oqsillar makromolekulalar bo'lib, ularning mol. Majmuasi bir necha mingdan bir necha mlnga teng. Oqsillar molekulasining qurilish ashyosi sifatida aminokislotalar xizmat qiladi. Aaminokislotaning bir uglerod atomiga (a-uglerod atomi) aminoguruh va karboksil guruh birikadi. Oqsillarda 20 turdagi aminokislota uchraydi, ular birbiridan R-guruhi bilan farq qiladi, u gidrofil yoki gidrofob, asosli, kislotali yoki neytral bo'lishi mumkin. Oqsillardagi aminokislotalar bir-biri bilan peptid bog'lari, ya'ni amina bog'lari bilan birikkan, bu bog' bir aminokislota a-karboksil qoldig'ining ikkinchi aminokislota a-aminoguruxli qoldig'i bilan bog'lanishi hisobiga hosil bo'ladi. Shu ko'rinishda tuzilgan polimerlar peptidlar deb ataladi, di-, tri-, tetra- va boshqalar deb nomlangan old qo'shimchalar, molekula tarkibidagi aminokislota qoldiklari soniga bog'liq, masalan dipeptidda 2 ta qoldiq, tripeptidda — uchta qoldiq va boshqa uncha katta bo'lmagan aminopeptidlardan farqli o'laroq, polipeptidlar 20 yoki undan ortiq (oqsil tabiatiga ko'ra, taxminan 50 tadan 2500 tagacha) aminokislota qoldiqlari tutadi. Oqsillar ketma-ket joylashgan aminokislota qoldiqlari, uzun zanjirni yoki oqsillarning birlamchi tuzilmasini tashkil etadi. O'z navbatida, oqsilning har xil joyida joylashgan aminokislota qoldiqlari tarkibidagi kimyoviy moddalar o'zaro har xil boglar bilan bog'lanishi natijasida oqsilning murakkab ikkilamchi, uchlamchi va to'rtlamchi tuzilmalari hosil bo'ladi. Yuqorituzilishdagi tuzilmalar fizik va kimyoviy omillar (yuqori harorat, kislota, ishqor va boshqalar) ta'sirida quyi tuzilishdagi shakllarga qaytadi (bu hodisa oqsil denaturatsiyasi deb ataladi), natijada ular o'z biologik faolligini yo'qotadi. Ammo ayrim hollarda tashqi ta'sir yo'qotilsa oqsil. yuqori ko'rinishdagi shakllariga qaytadi.

Oqsil tuzilishi va vazifalari bo'yicha xilma-xil.

Tuzilishiga ko'ra, 2 katta guruhga bo'lish mumkin: globulyar va fibrillyar. Globulyar oqsillar asosan, sferik yoki ellips shaklida bo'lib, ular tarkibiga boshqa guruh moddalar ham qo'shilgan (prostetik guruh). Masalan, gemoglobin globin va gemning qo'shilmasidan hosil bo'lgan, shuning uchun uni yana gemoproteid deb ham atashadi. Lipid tutuvchi oqsil lipoproteidlar, uglevod tutuvchilar — glikoproteidlar, metall tutuvchilar — metall proteidlar deyiladi.

Oqsil ajratib olish ulardagi aminokislota qoldiklarini aniqlashda kimyo va molekulyar biologiya fanlarining usullaridan (dializ, gelfiltratsiya, elektroforez, xromatografiya, sekve-natsiya va boshqalar) foydalaniladi.

Oqsillar (oqsillar, polipeptidlar) — yuqori molekulyar og'irlikk organik moddalar, alfa aminokislotalar dan iborat, bir-biriga bog'langan zanjir peptid bog'. Tirik organizmlarda oqsillarning aminokislotalar tarkibi genetik kod bilan aniqlanadi, sintez jarayonida aksariyat hollarda 20 ta standart aminokislotalar Ularning ko'p kombinatsiyasi oqsil molekulalarining turli xil xususiyatlarini aniqlaydi. Bundan tashqari, oqsil tarkibidagi aminokislota qoldiqlari ko'pincha tarjimadan keyingi o'zgarishlarga duch keladi, bu protein o'z vazifasini bajara boshlagunga qadar ham, hujayradagi „ish" paytida ham sodir bo'lishi mumkin.

Ko'pincha tirik organizmlarda turli xil oqsillarning bir nechta molekulalari murakkab komplekslarni hosil qiladi, masalan, fotosintetik kompleks va boshqa komplekslar. Yuqori darajada tozalangan oqsillar past haroratlarda kristallar hosil qiladi, ular bu oqsillarning fazoviy tuzilmalarini o'rganish uchun ishlatiladi. Tirik organizmlarning hujayralaridagi oqsillarning vazifalari funksiyalariga qaraganda ancha xilma-xildir boshqa biopolimerlar — polisaxaridlarlar va deoksiribonuklein kislotasi(DNK). Shunday qilib, oqsillar immunitet (biologiya)da asosiy rol o'ynaydi, ular transport funktsiyasini bajaradi (masalan, gemoglobin, qondagi gazlarni tashish va albumin, yog'larni tashish, saqlash (masalan, kazein sut). DNK polimeraza va RNK polimeraza matritsa reaktsiyalarida ishtirok etadi, strukturaviy (masalan, soch va tirnoqlar oqsildan keratin, kollagen va elastin birlashtiruvchi to'qima biriktiruvchi to'qimaning muhim tarkibiy qismidir tubulin mikrotubulalar hosil qiladi, retseptor hujayra signalizatsiya tizimlarida funktsiyasini bajaradi (masalan, oqsil rodopsin, zarur vizual retseptorlarning ishlashi va fotonlar yorug'lik ta'siriga javoban nerv impulse shakllanishini ta'minlash uchun). Bundan tashqari, unchalik ahamiyatli bo'lmagan bir nechta funksiyalarni ajratib ko'rsatish mumkin, masalan, energiya funksiyasi charchaganlik bilan va zaharlarning funktsiyasi (zaharli oqsillar).

Xususiyatlari

Hajmi

Oqsil molekulalarining qiyosiy oʻlchami. Chapdan oʻngga: antikor (IgG) (150 kDa), gemoglobin (66,8 kDa), gormon insulin, ferment adenozin monofosfat va ferment glutaminsintetaza

Oqsilning hajmini aminokislotalar qoldiqlari sonida yoki atom massa birligi (dalton) molekulyar massa bilan oʻlchash mumkin, lekin molekula nisbatan katta boʻlganligi uchun uning massasi oqsil uning hosila birliklarida, kilodaltonlarda (kDa) ifodalanadi. Xamirturush oqsillari oʻrtacha 466 ta aminokislota qoldigʻidan iborat boʻlib, molekulyar ogʻirligi 53 kDa ni tashkil qiladi. Hozirda ma'lum boʻlgan eng yirik oqsil titin sarkomerlars mushaklarlarning tarkibiy qismidir; uning turli xil variantlari (izoformalari) molekulyar ogʻirligi 3000 dan 3700 kDa gacha boʻlgan oraliqda oʻzgarib turadi. Inson titinining soleus (lotincha: *soleus*) 38 138 ta aminokislotadan iborat.oqsillarning molekulyar ogʻirligini aniqlash uchun oʻlchamni istisno qilish xromatografiyasi, poliakrilamid gel elektroforezi, mass-spektrometrik tahlil, choʻkish tahlili va boshqalar.

Fizik-kimyoviy xossalari

Amfoterlik oqsillar amfoterlik xususiyatiga ega, ya'ni

sharoitga qarab ular kislota va asosiy xossalarini namoyon qiladi. Proteinlar suvli eritmada ionlanishlanishga qodir bo'lgan bir necha turdagi kimyoviy guruhlarni o'z ichiga oladi: karboksil guruhi kislotali aminokislotalarning yon zanjirlari aspartik kislota va glutamik kislotalar va asosiy aminokislotalarning yon zanjirlarining azot o'z ichiga olgan guruhlari (birinchi navbatda e-aminokislotalar lizina va amidin qoldig'i $CNH(NH_2)$) arginina, biroz kamroq darajada — imidazol qoldig'i histidina. Har bir oqsil izoelektrik nuqta (ph) bilan tavsiflanadi — muhitning kislotaliligi vodorod indeksi (pH), bunda berilgan molekulalarning umumiy elektr zaryadi oqsil nolga teng va shunga mos ravishda ular elektr maydonida harakat qilmaydi (masalan, elektroforeze paytida). Izoelektrik nuqtada oqsilning hidratsiyasi va eruvchanligi minimaldir ph qiymati oqsildagi kislotali va asosli aminokislotalar qoldiqlarining nisbatiga bog'liq: ko'p kislotali aminokislota qoldiqlari bo'lgan oqsillar uchun izoelektrik nuqtalar kislotali mintaqada yotadi (bunday oqsillar kislotali deb ataladi), ko'proq asosiy qoldiqlarni o'z ichiga olgan oqsillar uchun, ishqoriy mintaqada (asosiy oqsillar). Berilgan oqsilning ph qiymati ion kuchi va u joylashgan bufer eritmasi turiga qarab ham o'zgarishi mumkin, chunki neytral tuzlar darajaga ta'sir qiladi oqsilning kimyoviy guruhlarini ionlashtirish proteinning ph ni, masalan,

Kislota asosida titrlash egri chizig'dan yoki izoelektrik fokuslash yordamida aniqlash mumkin.Umuman olganda, oqsilning pI ko'rsatkichi u bajaradigan funktsiyaga bog'liq: ko'pchilik umurtqali to'qimalar oqsillarining izoelektrik nuqtasi 5,5 dan 7,0 gacha, lekin ba'zi hollarda qiymatlar ekstremal mintaqalarda bo'ladi: masalan, pepsina uchun — kuchli kislotali me'da shirasining proteolitik fermenti pI ~ 1 va salmina uchun — oqsil-protamina sut yuqori arginin miqdori bilan ajralib turadigan qizil ikra, — pI ~ 12. Fosfatlar bilan Elektromagnit o'zaro ta'sir tufayli nuklein kislotalar bilan bog'langan oqsillar. Fosfat guruhlari, ko'pincha asosiy oqsillardir. Bunday oqsillarga misol qilib gistonlar va protaminlarni keltirish mumkin. Oqsillar ham gidrofil]va hidrofobiklarga bo'linadi. Gidrofillarga aksariyat oqsillar sitoplazma, yadrolari va hujayralararo modda, jumladan, erimaydigan keratin va fibroin kiradi. Gidrofobiklarga hujayra membranalari tashkil etuvchi oqsillarning aksariyati, — gidrofobik lipidlar membranalari bilan o'zaro ta'sir qiluvchi integral membrana oqsillari (bu oqsillar uchun qoida tariqasida gidrofil joylar ham mavjud).

Denaturatsiya

Yuqori harorat ta'sirida tovuq tuxumining oqini yo'q qilish

Oqsilning denaturatsiyasi uning biologik faolligi yoki fizik-kimyoviy xossalarining to'rtlamchi, uchlamchi yoki ikkilamchi tuzilma yo'qolishi bilan bog'liq har qanday o'zgarishdir (qarang. „Oqsil tuzilishi" bo'limi) qoida tariqasida, oqsillar organizmda normal faoliyat ko'rsatadigan sharoitlarda (harorat, pH, bosim, infraqizil nurlanish va boshqalar) ancha barqarordir[. Bu sharoitlarning keskin o'zgarishi oqsil denatüratsiyasiga olib keladi. Denaturatsiya qiluvchi moddaning tabiatiga ko'ra mexanik (kuchli aralashtirish yoki chayqatish), fizik (isitish, sovutish, nurlanish, ultratovush bilan ishlov berish) va kimyoviy (kislotalar va ishqorlar, sirt faol moddalar, karbamid) denaturatsiya. Protein denaturatsiyasi to'liq yoki qisman, qaytariladigan yoki qaytarilmas bo'lishi mumkin. Kundalik hayotda qaytarib bo'lmaydigan oqsil denatüratsiyasining eng mashhur hodisasi tovuq tuxumining tayyorlanishi bo'lib, u yuqori harorat ta'sirida suvda eriydigan shaffof oqsil ovalbumin zich, erimaydigan va shaffof bo'lib qoladi. Denaturatsiya ba'zi hollarda suvda eruvchan oqsillarni ammiak tuzlari yordamida cho'ktirishda (tuzlash usuli) kabi teskari bo'ladi va bu usul ularni tozalash usuli sifatida ishlatiladi.

Tuzilishi

Peptid bog'lanishining sxematik ko'rinishi (o'ngda).

Xuddi shunday reaksiya oqsilni sintez qiluvchi molekulyar mashinada, ya'ni ribosomada sodir bo'ladi.

Protein molekulalari chiziqli polimerlar bo'lib, L-aminokislota qoldiqlaridan iborat (ular monomerlar oqsillari tarkibida o'zgartirilgan aminokislota qoldiqlari va aminokislota bo'lmagan tabiatning tarkibiy qismlari ham bo'lishi mumkin); Ilmiy adabiyotlarda aminokislotalarni belgilash uchun Lotin tilidagi bir yoki uch harfli qisqartmalar, masalan, valin uchun ishlatiladi: Val, V.Bir qarashda ko'pchilik oqsillarda „faqat" 20 ta aminokislotadan foydalanish oqsil tuzilmalarining xilma-xilligini cheklab qo'ygandek tuyulishi mumkin bo'lsada, aslida ularning variantlari soni juda katta: 5 ta aminokislota qoldig'i zanjiri 3 milliondan oshadi va 100 ta aminokislota qoldig'i zanjiri (kichik protein) 10^{130}dan ortiq variantda ifodalanishi mumkin. Uzunligi 2 dan bir necha o'nlab aminokislota qoldiqlari bo'lgan zanjirlar ko'pincha polimerizatsiya darajasi yuqori bo'lgan „peptidlar" deb ataladi, ammo bu bo'linish juda o'zboshimchalik bilan amalga oshiriladi. Bir aminokislotaning a-karboksil guruhining (-COOH) boshqa aminokislotaning amino guruhi ($-NH_2$) bilan o'zaro ta'siri natijasida oqsil hosil bo'lganda, peptid bog' hosil bo'ladi. Oqsilning uchlari terminal aminokislotalar qoldig'i guruhlaridan qaysi biri erkin bo'lishiga qarab N- va C-terminus deb ataladi: mos ravishda -NH$_2$ yoki -COOH. Ribosomadagi oqsil sintezida birinchi (N-terminal) aminokislota qoldig'i odatda metionina bo'ladi va keyingi qoldiqlar oldingisining C-terminusiga qo'shiladi.

Tuzulish darajalari

Oqsillarning strukturaviy tashkiliy darajalari: 1 — birlamchi, 2 — ikkilamchi, 3 — uchlamchi, 4 — to'rtlamchi

K. Lindstrom oqsillarning strukturaviy tuzulishini 4 darajasini ajratishni taklif qildi: birlamchi, ikkilamchi, uchlamchi va to'rtlamchi tuzilmalar. Bu bo'linma biroz eskirgan bo'lsa ham, undan foydalanishda davom etmoqda. Polipeptidning birlamchi tuzilishi (aminokislotalar qoldiqlari ketma-ketligi) uning gen va genetik kod tuzilishi bilan belgilanadi va yuqori tartibli tuzilmalar oqsillar jarayonida hosil bo'ladi.

Foydalanilgan adabiyotlar
1. Abdusamatov organik kimyo
2. Masharipov organic kimyo
3. https://uz.wikipedia.org/wiki/Proteinlar#:~:text=Oqsillar%20(oqsillar%2C%20polipeptidlar)%20%E2%80%94,hollarda%2020%20ta%20standart%20aminokislotalar.
******

Mustakova Madina Sherzodovna was born on August 22, 2005 in the village of Ravot, Sharof Rashidov district, Jizzakh region. She participated in science Olympiads in the subjects of mother tongue, literature, and English language and took pride of place. In addition, she was a member of the "Youth Union" organized by the school. In the last year of school, on May 12, 2023, she obtained the Multilevel Cefr B2 certificate in English. This was one of her first major achievements. After that, on August 22, 2023, she was admitted to Jizzakh State Pedagogical University on the basis of a state grant. Author of more than ten scientific articles, monograph and theses. She was one of the talented students of the university. "Did you know?" leads the page. In addition, she is an active reader of the "One book in 7 days" project organized every week.

EFFECTIVE APPROACHES OF TEACHING ENGLISH IN PRIMARY CLASSES

Mustaqova Madina Sherzod qizi

Jizzax davlat pedagogika universiteti

Maktabgacha va boshlang'ich ta'limda xorijiy til yo'nalishi talabasi

madinamustaqova@gmail.com

Ilmiy rahbar: Usmonova Umida

Abstract. There are different approaches to highlight the features of the English language subject. This article describes in detail the effective methods of teaching English in primary grades bu effective methods. In this article, you can learn about effective and interesting ways to teach English to children.

Аннотация. Существуют разные подходы к

выделению особенностей предмета английского языка. В данной статье подробно описаны действенные методы преподавания английского языка в начальных классах. В этой статье вы сможете узнать об эффективных и интересных способах преподавания английского языка детям.

Annotasiya. Ingliz tili fanining xususiyatlarini ta'kidlash uchun turli yondashuvlar mavjud. Ushbu maqolada boshlang'ich sinflarda ingliz tilini o'qitishning samarali usullari batafsil yoritilgan. Ushbu maqolada siz bolalarga ingliz tilini o'rgatishning samarali va qiziqarli usullari haqida bilib olishingiz mumkin.

Keywords: fun, song, action, explanation, quick and easy, young children, mental, physical, teacher, voices, modern methods, innovative methods.

Introduction

In our country, the demand for teaching foreign languages in primary classes has increased rapidly. Today, the ability to know foreign languages is becoming one of the integral parts of our life. Due to the high rate of cooperation with foreign partners among specialists in various fields, their demand for language learning is high. In modern society, foreign languages are becoming an important component of professional education. People learn such knowledge first in preschool educational institutions and then at school in institutes, training courses or independently. Success in achieving this goal depends on the practical methods and skills of teachers. The English language is included in primary education as a subject; training of specialists in the field of teaching foreign languages in pre-school and primary education is launched. The ability to use information technology and modern teaching methods helps to quickly understand targeted information. By combining different methods, the teacher will be able to teach children new theme effectively. During teaching process, the best way to teach by basing on the learner's level, According to psychologists, children learn language faster and easier than adults.

One of the positive decisions that caused changes is the Decision of the First President of the Republic of Uzbekistan dated December 10, 2012 "On measures to further improve the system of learning foreign languages" No. PQ-1875. In accordance with this decision, teaching foreign languages, mainly English, increasing children's interest in learning foreign languages, and teaching English lessons with various effective and intersting methods.

Main body

Most people think that children could gain knowledg, and learn new languages easily. Since, they own the natural tendency of learning new languages, imitating, more time than adults. It should be noted that 6-7-year-old children do not understand the meaning of information, but memorize it mechanically. Therefore, it is necessary not to start teaching English to elementary school students with grammatical concepts. Otherwise, from the first step of learning a foreign language, it is possible to strain the child and extinguish his interest. Therefore, teaching a foreign language to young children is very difficult and responsible. The following methods can be used to teach children English in a meaningful and interesting way:

- Songs:

To teach by songs and poems that the letters or combinations that are difficult to explain or remember, that do not have meaning. For example, it can be shown that children learn the English alphabet by singing rather than simply memorizing it.

- Games related to mental and physical activities:

It can be effective to teach new words to children

- Cartoons;

While watching the cartoon, children may not understand the words in the cartoon. As a result, they try to guess the words by actions of the cartoon characters. This is an interesting and effective way for children to learn the language.

- Role play:

The teacher should organize role-play or play it to children while explaining some information, namely, the names of animals or birds. For example: one student shows a dog howling, a cat meowing, another student can show which animal these sounds are.

- Subject environment;

If the teacher can create that environment depending on the subject, the children will learn the language better. For example: traveling, birthday, in the kitchen, etc. On the subject of traveling, the teacher organizes a trip, information about the importance of traveling (foot, bicycle, automobile, train, boat, and airplane), where to travel (Tashkent, Samarkand, Bukhara, England, and USA) will give. This situation strengthens the students' vocabulary, language abilities, and expands their worldview.

- Riddles:

Children have a strong interest in finding answers to

riddles. Therefore, when the teacher says the riddle in English or Uzbek, he should ask the children to say the answer in English. Then children learn words quickly.

- Practical training (tasting fruits and other foods, smelling flowers): This sentence can be explained by the thoughts of a practicing psychologist: "The pedagogue, who wants something to be firmly fixed in the children's memory, should use as many of the child's sensory organs as possible: eyes, ears, sound organs, muscle sensations, and even if if possible, he should try to involve the organs of smell and taste in the process of remembering". For example: when a teacher tastes an apple, its color is red or green, teacher should give information about whether it is tasty or big or small, and feed the fruits to other students and ask them to give information about that fruit in English. In this case, the child it also helps in their further learning. If the teacher asks the students the English name of the colors, the child immediately remembers the time when he ate the fruit, he quickly remembers that it is red and green. Therefore, using such a method helps the student's ensures that information is kept in memory for a long time.

- gestures, facial expressions:

When the teacher says something to the child or gives an order, for example, it is understandable to the child if he uses gestures in sentences such as "come here", "open the book", "stand up", "look at the blackboard"..

- Visual aids (posters, books):

Writing on things that are visible and often used in everyday life. For example: writing on a door, book, table, blackboard, window, etc. Since such things are always visible and often used in practice, the child learns these words involuntarily.

- various methods:

We know that children are curious. They quickly get bored with the sameness. Therefore, it is necessary to teach them not always using one type of methods, but to change and update such methods. Otherwise, children will understand how the teacher will teach and prepare for it. Teaching with innovative methods raises children's aspirations.

Conclusion

In conclusion, language teaching to young children should be conducted as an interesting activity, not as a duty, and learning using several effective methods can serve as a foundation for their future knowledge. It is necessary to properly explain to children how important it is to learn foreign languages through natural conditions, as Alisher Navoiy said, " Person who knows the language knows the world."

References

1. On measures to further improve the system of learning foreign languages (PQ-1875) Xalq So'zi newspaper. 2012. December 12.

2. J. Jalolov. - English language teaching methods - Teacher's publishing house Tashkent Tokhtasinova, N. R. Q., & Soibjonova, M. T. O. Q. (2022). A PRAGMATIC STUDY OF THE PHENOMENON OF TAGMANO AND PRESUPPOSITION (on the example of Abdullah Qahhar's works). Central Asian Research Journal for Interdisciplinary Studies (CARJIS), 2(4), 141-146.

3. Tukhtasinova, N. R. (2021). ISSLEDOVANIE PREDVARITELNYX I TAGMANSKIKH SOBYTIY NA RABOTAX ABDULLY KAXXAR. Economics and society, (2-2), 240-244.

4. conferencea.org/index.php/conferences/article/view/2162/2059:1.https://cyberleninka.ru2.https://eltexperiences.com/teaching-primary-learners

******

Azizova Shodiyona Ne'mat qizi yoshim 19 da. Hozirgi kunda Axborot texnologiyalari va menejment universiteti Defektologiya yo'nalishi 2-bosqich talabasiman. Toshkent shahrida Mustaqil Davlatlar Hamdo'stligi miqyosida tashkil etilgan "Ilm-fan ziyosi" nomli xalqaro ilmiy-amaliy ko'rik tanlovida ishtirok etib, "Scientific academy" ilmiy-ma'rifat markazi tomonidan sertifikat va statuetka bilan taqdirlandim. Va yana Toshkentda bo'lib o'tgan 'zbekiston Respublikasi mustaqilligining 33 yilligi munosabi bilan "YURT IFTIXORI" xalqaro ilmiy-amaliy ko'rik tanlovidan medal bilan taqdirlandim. 15 dan ortiq ilmiy maqolalarim Amerika, Hindiston, Rossiya va O'zbekiston xalqaro OAK tan olgan bazalarda indekslanadigan ilmiy jurnallarda va konferensiyalarda chop etildi. Rossiyaning "Звёздный путь" xalqaro tanlovida maqolam bilan ishtirok etib diplom bilan taqdirlandim. Bundan tashqari, ijodiy ishlarim bilan Rossiya almanaxida ishtirok etdim.

Nutqa to'liq rivojlanmagan maktabgacha tarbiya yoshidagi bolalarni o'qitish va tarbiyalash

Azizova Shodiyona Ne'mat qizi

Axborot texnologiyalari vamenejment universiteti
Defektologiya fakulteti talabasi

Annotatsiya: pedagogik fan sifatida logopediya nutqning to'liq rivojlanmaganligi tushunchasi eshitish va intellekti normada bo'lgan bolalarda barcha nutq komponentlarning shakllanishining buzilishi bilan xarakterlanuvchi nutq kamchiligi nisbatan qo'llanilishi haqida aytib o'tilgan.

Kalit so'zlar: eshitish, intellekt, biologik shart-sharoit, tovushlari turg'un, tug'ruq travmasi, asfiksiya.

Nutqning to'liq rivojlanmaganligida nutqning kechroq paydo bo'lishi lug'atning kambag'alligi, agrammatizm, talaffuz, kamchiliklari...... kuzatiladi.

Nutqning to'laq rivojlanmaganligi tushunchasi bola nutqi rivojlanishining aniq holatidan kelib chiqqan holda o'zining etiologiyasi bo'yicha nutq rivojlanmaganligini turli xil ko'rinishlariga yagona pedagogik yondashuv imkoniyati haqidagi ilg'or nuqtai nazarga asoslanadi.

Nutqning to'laq rivojlanmaganligi termini nutq rivojlanishi buzilishiga g'oyat chuqur yondashuvni ifodalaydi va uning tahlil qilish pedagog zimmasidadir. Bunday yondashuv mutaxassisdan katta umum biologik va tibbiy malakani talab qiluvchi nuqson tuzilishini patogenetik jihatdan tahlil qilishni talab qilmaydi.

Biroq pedagog logoped uchun kim bilan ishlashi to'liq rivojlanmaganlik qay yuzimda paydo bo'lganligi nutq rivojlanishi templiga qo'shilib keluvchi nevrologik buzilishlar genetik belgilar psixik faoliyat va bola shaxsining xususiyatlari dori-darmonli davolanishning bor yoki yo'qligi va boshqa omillarning qanday ta'sir etishi ma'lum ahamiyatga ega. Bular pedagogning shifokor bilan birgalikdagi ishi jarayonidagi aniqlanishi va tahlil qilinishi mumkin.

Nutq ma'lum bir biologik shart sharoitlar mavjudligida va eng avvalo markaziy neft tuzilishining normal rivojlanishi va ishlashida yuzaga keladi. Biroq nutq muhim ijtimoiy funksiya hisoblanadi. Shu sababli uning rivojlanishi uchun biologik shart-sharoitlarining o'zigina yetarli emas, u bolaning kattalar bilan muloqotga kirishi jarayonida yuzaga keladi. Bunda bolaning hissiy jihatdan yaqin kishisi bilan onasi muloqoti yetakchi ahamiyatga egadir. Muloqot ehtiyoji bolaning atrofidagi odamlar bilan aloqaga kirishi jarayonda shakllanadi. U bola hayotining dastlabki ikki oyida uning birlamchi organik talablari va yangi taassurotlarga ehtiyoji negizida yuzaga keladi. Muloqot vositalari ichida ekspressiya mimika predmetli harakat va nutqiy vositalar ajratiladi.

Bola hayotining birinchi yilini nutqgacha bo'lgan davr deb nomlaymiz. Bunday kattalar bilan muloqot ekspressiv mimika va predmetli harakat vositalari yordamida amalga oshiriladi. Aynan shu davrda bolada jismoniy obyektovishlariga qaraganda inson ovozi tovushlarini turg'un tanlab ta'sirlanishi shakllanadi. M. I. Lisina bu holatni jajji odamchaning muhim ehtiyojlarini ifodalashi muloqotdagi ehtiyojlari sifatida baholaydi.

Bola nutqining yuzaga kelishi va rivojlanishida muloqotning hal qiluvchi rolini gozpetalizm tekshiruvlar isbotlaydi. Rag'batlantiruvchi insoniy muhit oila bolalar guruhi va hake dan bolani ajratib qo'yish deprivatsion vaziyat sifatida o'rganiladi. Bu vaziyat bolaning psixik rivojlanishiga sekinlashtiruvchi omil sifatida ta'sir qiladi. Agar bu vaziyat uzoq davom etsa psixik deprivatsiya holati yuzaga keladi.

Nutq rivojlanishiga ayniqsa hisse depressiya yomon ta'sir ko'rsatadi. Bunda bola tug'ilganidan boshlab uning affaktiv ehtiyojlari suyish erkalash yaxshi ko'rish qondirilmaydi bunday vaziyat ko'pincha otaonalari spirtli ichimliklar uchuvchi onasi yo'q oilalarda bola tug'ilishi bilan tarbiyaga sust qaraladigan bolalar uyida tarbiyalanishi oqibatda vujudga keladi.

Nutqning to'liq rivojlanmaganligi sabablari. Bolaning ona qornida rivojlanishi tug'ruq tug'ruq travmasi asffeksiya va hayotning dastlabki yillarida ta'sir ko'rsatuvchi turli xil zararli omillar nutqning to'liq rivojlanmaganligiga olib kelishi mumkin.

Nutqiy kamchilik tuzilishi va kompensatsiya jarayonlari ko'p hollarda miya zararlanishi qachon ro'y berganligi bilan aniqlanadi. Bar butun miya rivojlanishi anomaliyasining xarakteri ma'lum miqdorda jarohatlanishi muddatiga bog'liqligi hozirgi kunda isbotlangan. Turli xil zararli omillar infeksiya, intoksikatsiya va boshqalar ta'siri ostida bosh miyaning bir muncha og'ir zararlanishi odatda erta embriogonez davrida yuzaga keladi. Taxminlarga ko'ra homiladorlikning uch to'rt oylarida bosh miyaning zararlanishi nerf to`qimalarining eng ko'p ajralish davri bosh miya bu zararli omilning ta'siri davrida nerf tizimining qaysi bo'limlari bir muncha dadal rivojlanishi yoki intellektual funksiyalariga taalluqli bo'ladi. Homiladorlikning kechishi davomidagi doimiy noqulay shart-sharoitlar tufayli bir muncha yaqqol ifodalangan alohida miya tuzilmalari bilan birga bir butun yaxlit miya rivojlanmaganligi ham kuzatiladi. Bu murakkab nuqsonlarning yuzaga kelishiga masalan oliygofreniyaning motor alaliya bilan uyg'onlashuv asos bo'lib xizmat qiladi.

Foydalanilgan adabiyotlar:

1. Logopediya (L. Moʻminova, M. Ayupova). - T., 1993
2. "Logopediya" (L. S. Volkova tahriri ostida). - M., 1989
3. Majidov. " Nevropatologiya". - T., 1986
4. Shomaxmudova R. Sh. Moʻminova L. Bolalar nutqidagi nuqsonlar va ularni bartaraf etish. - T., 1994
5. Moʻminova L. R. Tutilib gapiruvchi oʻsmirlar uchun qoʻllanma. " Oʻqituvchi". - T., 1980.

******

Sodiqova Mumtozbegim Olimjon qizi

Tug'ilgan sanasi: 18-yanvar, 2005-yil

Tug'ilgan joyi: O'zbekiston, Farg'ona viloyati Furqat tumani

Sodiqova Mumtozbegim Olimjon qizi O'zbekistonning istiqbolli va bilimdon yoshlaridan biri bo'lib, u O'zbekiston Davlat Jahon Tillari Universitetining Xorijiy til va adabiyoti fakultetida 3-bosqich talabasi sifatida tahsil olmoqda. A'lochi va faol o'quvchi sifatida o'z kursdoshlari orasida alohida ajralib turadigan Mumtozbegim o'qishdagi yuksak natijalari bilan bir qatorda, universitetning turli ijtimoiy va madaniy tadbirlarida faol ishtirok etadi.

Mumtozbegim xorijiy tillarni mukammal o'zlashtirishga katta e'tibor qaratadi. U nafaqat ingliz tilini C1 darajasida egallaganini tasdiqlovchi IELTS sertifikatiga ega, balki ushbu tilda erkin so'zlashadi. Shu bilan birga, u rus va o'zbek tillarida ham ko'plab maqolalar muallifidir. Uning ijodiy ishlari ilmiy, adabiy va ijtimoiy mavzularga bag'ishlangan bo'lib, turli nashrlarda e'lon qilingan.

O'qishdan tashqari, Mumtozbegim eko volontyor sifatida ekologik muammolarni hal etishga o'z hissasini qo'shadi. U ekologik aksiyalarda faol ishtirok etib, atrof-muhitni muhofaza qilish bo'yicha targ'ibot ishlarini olib boradi. Uning tashabbuslari yoshlar orasida ekologik xabardorlikni oshirishga qaratilgan.

Ingliz tili o'qituvchisi bo'lish uchun zarur malakalar

O'zbekiston Davlat Jahon tillari Universiteti

Xorijiy til va adabiyoti fakulteti

SODIQOVA MUMTOZBEGIM

OLIMJON QIZI

E-mail: sodiqovamumtozbegim@gmail.com

Annotatsiya

Ushbu maqolada ingliz tili o'qituvchisi bo'lish uchun zarur bo'lgan asosiy malakalar tahlil qilinadi. Asosiy e'tibor til bilimi va metodologik tayyorgarlik, interaktiv va texnologik malakalar hamda samarali muloqot va madaniy bilimlarga qaratilgan. Maqola o'qituvchining zamonaviy metodikalardan foydalanishi, dars jarayonini texnologiyalar yordamida qiziqarli va samarali o'tkazishi hamda madaniyatlararo muloqot ko'nikmalarini rivojlantirish orqali dars sifatini oshirish imkoniyatlarini yoritadi. Shuningdek, o'qituvchilar uchun doimiy o'zini rivojlantirishning ahamiyati ta'kidlanadi.

Kalit so'zlar: Ingliz tili o'qituvchisi, til bilimi, pedagogic mahurat, metodologik tayyorgarlik, interaktiv darslar, texnologik malakalar

Bugungi globallashuv davrida ingliz tilining ahamiyati kundan kunga ortib bormoqda. Ingliz tili nafaqat xalqaro aloqa, balki ta'lim, ilm-fan, texnologiya va biznes sohalarida ham yetakchi til hisoblanadi. Shu sababli, ingliz tilini o'rgatish va o'qitish o'ziga xos mahorat va malakalarni talab qiladi. Ingliz tili o'qituvchisi bo'lish uchun faqat grammatikani mukammal bilish yoki til bilimi yetarli emas; bu kasb muloqot ko'nikmalari, pedagogik mahorat, texnologik bilim va doimiy o'zini rivojlantirishni ham o'z ichiga oladi.

Asosiy qism

1. Til bilimi va metodologik tayyorgarlik

Til bilimi ingliz tili o'qituvchisining asosiy tayanchidir. O'qituvchi grammatikani, lug'atni, talaffuzni va to'g'ri yozishni yaxshi bilishi lozim. Biroq, bu bilimlarni faqat bilish emas, balki ularni samarali tarzda o'quvchilarga yetkazish uchun to'g'ri metodologiyadan foydalanish juda muhimdir. Zamonaviy o'qitish metodikalariga ega bo'lish o'qituvchilarga darslarni qiziqarli va interaktiv o'tkazishga yordam beradi. Masalan, kommunikativ yondashuv, CLIL (Content and Language Integrated Learning) kabi metodlar o'quvchilarning nafaqat til bilimlarini oshiradi, balki ularning muloqot ko'nikmalarini ham rivojlantiradi.

Shuningdek, darslarni o'quvchilarning ehtiyojlariga moslashtira olish qobiliyati ham juda muhimdir. Har bir o'quvchining o'ziga xos o'rganish uslubi bor va o'qituvchi dars jarayonida buni hisobga olishi kerak.

Shu boisdan, sinf ichidagi turli xil texnikalarni, jumladan, muammoli ta'lim, interfaol o'yinlar va guruh bo'lib ishlash uslublarini o'rganish va qo'llash o'qituvchining metodologik tayyorgarligini oshiradi.

2. Interaktiv va texnologik malakalar

Bugungi kunda texnologiya ta'lim jarayonining ajralmas qismiga aylanmoqda. Ingliz tili o'qituvchilari texnologiyadan samarali foydalanishni bilishi kerak. Bu, avvalo, interaktiv darslarni tashkil etish va o'quvchilar bilan aloqani yaxshilash uchun zarur. Masalan, PowerPoint taqdimotlari, videolar, interaktiv doskalar, onlayn o'yinlar va ilovalar dars jarayonini yanada qiziqarli va o'quvchilar uchun samarali qiladi.

Online va offline darslarni muvaffaqiyatli olib borish uchun o'qituvchilar zamonaviy onlayn platformalar va vositalarni bilishi muhim. Zoom, Google Meet, MS Teams kabi platformalarda o'quvchilar bilan samarali darslar o'tish uchun maxsus vositalar va ilovalarni qo'llash kerak. Bundan tashqari, sun'iy intellekt yordamida interaktiv o'quv materiallarini yaratish yoki virtual o'quv muhitidan foydalanish orqali o'quvchilarni darsga yanada ko'proq jalb qilish mumkin.

3. Muloqot va madaniy bilimlar

Til o'qitishda samarali muloqot qilish qobiliyati

o'qituvchining eng muhim malakalaridan biridir. Ingliz tili o'qituvchilari o'quvchilarning ehtiyojlarini tushunishi va ularga mos keladigan muloqot uslublarini qo'llashi kerak. Shuningdek, o'quvchilarning dars jarayonida faol ishtirok etishi uchun ularni ruhlantirish, rag'batlantirish, ularning yutuqlarini e'tirof etish muhimdir.

Bundan tashqari, ingliz tilini o'qitishda madaniy bilimlar ham katta rol o'ynaydi. O'quvchilar faqat grammatikani o'rganib qolmasdan, balki tilni o'zida aks ettirgan madaniyatni ham bilishlari kerak. Bu esa tilni yanada chuqurroq va to'liqroq tushunishga yordam beradi. O'qituvchilar madaniyatlararo tafovutlarni tushunish va o'quvchilar bilan baham ko'rish orqali darslarni yanada qiziqarli va foydali qilishi mumkin.

Xulosa

Ingliz tili o'qituvchisi bo'lish uchun zarur bo'lgan malakalar keng qamrovli bo'lib, faqatgina til bilimlari bilan cheklanmaydi. U o'qituvchining pedagogik mahorati, texnologiyadan foydalanish qobiliyati, samarali muloqot qilish ko'nikmalari va madaniy tushunchalarni o'zida jamlaydi. Shu sababli, ingliz tili o'qituvchilari doimiy ravishda o'z bilim va ko'nikmalarini yangilab, zamonaviy talablarga javob bera olishlari kerak. Til o'qitishdagi o'zgarishlarni kuzatib borish, yangi metodlarni o'zlashtirish va o'z-o'zini rivojlantirish orqali o'qituvchilar o'z darslarini samarali va o'quvchilar uchun yanada qiziqarli qilishi mumkin.

FOYDALANILGAN ADABIYOTLAR:

1. - Harmer, J. (2007). "The Practice of English Language Teaching". Pearson Education.

2. - Richards, J. C., & Rodgers, T. S. (2014). "Approaches and Methods in Language Teaching". Cambridge University Press.

3. - Dudeney, G., & Hockly, N. (2007). "How to Teach English with Technology". Pearson Education.

******

Mohinur Abduhalilova MDH ning "Tashabbuskor islohotchi" esdalik nishoni sohibasi. Qozog'iston Respublikasining "Yil ijodkori" diplomi bilan taqdirlangan. Mohinur ko'plab tuman, viloyat, respublika tanlovlari g'olibi. 30 ga yaqin Xalqaro tanlov va festivallarda ishtirok etgan. Hindistonning "All India Council for Technical Skill Development" va "Investors protection found" tashkilotlari a'zosi, eng nufuzli "Iqra foundation" Xalqaro tashkilotining Peace Ambassadori, "Atlantika merosi" tashkilotining yosh elchisi.

Turk tilida erkin so'zlasha oladi. Uning noodatiy qobiliyati shundaki, yoshligidan so'zlarni teskari ayta oladi.

Shu kunga qadar Mohinurning she'r va hikoyalari viloyat gazeta va jurnallarida, 2020-2021-yillarda o'zining mualliflik kitoblari chop etilgan. Turk, Rus, Ingliz, o'zbek tillarida Germaniyaning "Raven Cage", Rossiyaning "Другое решение", Turkiyaning "Baygenç Yayınevı", Buyuk Britaniyaning "Just Fiction Edition" nashriyotlarida va Kenyaning "Classico Opine" Xalqaro jurnalida nashr qilingan. Kitoblari More Books saytida va Amerika nashriyotida chop etilgan kitobi esa Amazonda 26 ta davlatga sotuvga qo'yilgan.

NAMANGAN

Shaharlar ichida gulguni o'zing,

Gul bag'ringda ajib g'unchaman men ham.

Vodiyning gulshani erursan o'zing, Behisht bog'laridek go'zal Namangan.

Madhingga so'z bitmoq naqadar sharaf,

Tuz-rizq shahridirsan muqaddas oshiyon.

Sen chindan yurtimning iftixorisan, Ko'hna va navqiron, boqiy Namangan.

Madhingni kuylamoq dildagi ahdim, O'zingsan muqaddas, gul oshiyonim.

Shoh Mashrab kuylagan nurli chamansan,

Rizq-u ro'z makoni - aziz Namangan

DO'STLARIM

Har tong sabo quchib turing do'stlarim,

Sizdan ham ustunmi, meni ishlarim.

Sog'inchni eslatar, tungi tushlarim,

Tongni shodonlikda, kuting do'stlarim.

Kuzning har tongi ham, bahor o'xshaydi,
Samo yellar sochsa, dillar yashnaydi.
Ona yer shabnamdan, ko'klam yashaydi,
Tongni shodonlikda, kuting do'stlarim.

Tinglang tilaklarim, bisyor gaplarim,
Yomg'ir yuvsin bu olam, alam gardlarin.
Sizdan o'tinchim bor, aytay shartlarim,
Tongni shodonlikda, kuting do'stlarim

******

Boyirbekova Malikaxon Azizbek qizi. 2004 yil 4 noyabrda Toshkent viloyati Bekabod tumanida tavallud topgan. Hozirda Alfraganus Universiteti xalqaro munosabatlar yo'nalishi talabasi.

Dunyoda faqat tinchlik bo'lsin,

Urishning nomi o'chsin.

Ona mungli nolasi,

Bevaning qalb tolasi.

Azob chekar oh urar

Yaqinlari motam tutar.

Ko'zlarida tomchi yosh,

Zax tuproqqa urar bosh.

Otasin qabri qoshida,

Tashvishlar yosh boshida.

Urush shunday yomondir,

Qalblar pora qilgaydir.

Yuraklarini yondirib,

Ko'p azobga qo'ygaydir.

Vayrondir uy kulbalar,

Parokanda oilalar.

Sho'rleshona onalar,

Yetimlarga aylandi, qancha qancha bolalar.

Urishning nomi o'chsin,

Yuzlarga kulgu ko'chsin.

Yuraklar baxtga to'lsin,

Tinchlik bardavom bo'lsin.

******

Bozorboyeva Muhlisa Amanovna. Õzbekiston Badiiy Akademiyasi, Kamoliddin Begzod nomidagi Milliy rassomlik va dizayn instituti 3-bosqich talabasi. Institutda "Qizlarjon" klubi raxbari.

Kõplab halqaro tanlovlar va forumlar g'olibasi: "Yil talabasi 2024" tanlovining 2-oʻrin gʻolibasi, 2024-yilda bõlib õtgan "Russian Talents" nomli xalqaro tanlovning 1-chi õrin g'olibasi, : 2023-yil "Yosh ijodkor" nomli xalqaro tanlovining Gran-pri sohibasi. 2023 yil 5-6-7 sentabrda Toshkent shahrida bõlib õtgan " Afsonaviy yoshlar" forumining g'olibasi. "Oriental diamonds" nomli yosh ijodkorlar toplamida sherlari nashr qilingan."MT.Kenya Times"xalqaro jurnalda ijodiy ishlari chop etilgan. Har yili Toshkentda shaxrida bõlib õtadigan " Tasviriy va amaliy san'at" festivalida doimiy qatnashib faxrli õrinlarni egallab kelmoqda.

San'at va uning turlari

Kamoliddin Begzod nomidagi Milliy rassomlik va dizayn instituti

Tasviriy san'at fakulteti Dastgohli rang tasvir

(Professional ta'lim) yõnalishi 3-bosqich talabasi:

Muhlisa Bozorboyeva Amonjon qizi

Annotatsiya: San'at" tushunchasi insonning go'zallik qonuniyatlari asosida borliqni badiiy o'zlashtirish (va o'zgartirish)ga qaratilgan yaratuvchilik faoliyati, hamda uning natijasi sifatida vujudga kelgan jami narsalar tushuniladi, ya'ni, go'zallik qonunlari asosida mahorat va did bilan yaratilgan narsalarning hammasi san'atga aloqadordir.

Tayanch so'z va iboralar: Tasviriy san'at, tur va janr, ijod, natyurmot, portret, manzara, haykaltaroshlik, kompozitsiya.

San'at konsepsiyasini nozil ilk muallifi Charlz Bato edi. U inson faoliyatining bu filialiga tasniflanadi bo'lgan butun bir kitobchani yaratilgan. Uning kitobi, "Tasviriy san'at, bir tamoyilga kamaytirish" 1746-yilda chop etilgan. Charlz Bato ular bir necha mezonlar tomonidan belgilanishi mumkin, deb hisoblaydi. Muallif badiiy san'atni qiziqarli deb hisoblaydi. "San'at" tushunchasi san'at, musiqa, she'r, arxitektura, biz har kuni duch bilan ko'plab boshqa narsalarni o'z ichiga oladi. Badiiy faoliyatning har qanday muayyan ijobiy xislatlari bilan xarakterlanadi. Har soha haqiqatga va badiiy vazifalarni takrorlashda maxsus yo'l bor. Odatda san'at uch guruhga bo'linadi: tonik (musiqa va she'riyat); (Arxitektura, rasm va haykal) shaklida; aralash (xoreografiya, aktyorlik, notiqlik san'ati, va boshqalar). San'atning turli shakllari mavjud: bir aniq tasvir qurish (haykaltaroshlik, arxitektura) orqali nozil qilingan fazoviy; ahamiyati real vaqt tarkibi (she'riyat, musiqa) da developable bo'lgan, vaqtincha; fazo-vaqt - ajoyib san'at (tsirk, kino, xoreografiya). Badiiy san'at turlari. Badiiy san'at turlariga rassomlik, musiqa, haykaltaroshlik, kino, teatr kabilarni mansub etamiz. Modomiki biz keng ma'nodagi «san'at» ichida amaliy va badiiy san'at turlarini ajratar ekanmiz, ularning umumlashtiruvchi va farqli jihatlari bo'lishi lozim. Bu o'rinda umumlashtiruvchi jihat shuki, har ikkisi ham go'zallik qonunlari asosida did va mahorat bilan yaratiladi. Farqli jihatlariga kelsak, ulardan eng muhimi shuki, amaliy san'at mahsuloti insonning moddiy ehtiyojlarini qondirishga xizmat qilsa, badiiy san'at namunalari insonning ma'naviy-ruhiy ehtiyojlarini qondirishga qaratilgandir. Demak, amaliy san'at mahsuloti insonning kundalik turmushda foydalanishini ko'zda tutadi, ayni paytda unga zavq beradi. Masalan, kulol ishlagan piyola qanchalik nafis va go'zal bo'lmasin, biz unda choy (umuman, ichimlik) ichamiz. Mohiyat e'tibori bilan nafis ishlangan piyola ham, jo'n piyola ham amaliy foydaliligi jihatidan teng. Biroq nafis ishlangan piyola kishining choy ichishiga vosita bo'lishidan tashqari unga zavq ham beradi, kayfiyatini ko'taradi. Shunday bo'lsa-da, zavq bag'ishlashlik piyolaning ikkilamchi funksiyasi. Demak, amaliy san'at mahsulotining qimmati birinchi navbatda foydaliligi bilan belgilanadi. Endi qiyos uchun, masalan, qadim yunon haykaltaroshi yaratgan biror bir haykalni olaylik. Haykalni yaratar ekan yunon undan amalda foydalanishni ko'zda tutgan emas. Aytaylik, u o'zi topingan ma'budlardan birining haykalini yaratdi. Haykaltarosh o'sha ma'budni avvalo o'zining tasavvurida yaratdi, ijodiy fantaziya quvvati bilan tasavvur qila olgani obrazda — qotirib qoʻyilgan lahzada maʼbudining goʻzalligi, qudrati, mehriyu-qahrini koʻra oldi, undan zavqlandi, hayratlandi, unga topindi va ayni shu holatni toshda yoʻnib muhrladi. Haykalni koʻrar ekan tomoshabin oʻsha zavqni, hayratni oʻziga yuqtiradi, haykaldan boshqa maqsadda foydalanishni oʻylamaydi ham. Koʻramizki, haykal boshqa bir odamning zavqiyu hayratini boshqa odamga koʻchirdi, uning ruhiyatiga oziq berdi. Badiiy sanʼat turlari. Yuqoridagidan koʻrinadiki, piyola ham, haykal ham goʻzallik qonunlari asosida did va mahorat bilan yaratilgan. Yaʼni, amaliy sanʼat ham, nafis sanʼat ham estetik faoliyat mahsuli. Insonning goʻzallik qonunlari asosida borliqni oʻzlashtirish va oʻzgartirishga qaratilgan faoliyati estetik faoliyat deb yuritiladi.

Madaniyat va san'at - bu mima?

San'at va qo'l san'atlari va uning turlari. San'at va qo'l san'atlari - san'at badiiy faoliyatining turli sohalarini qamrab oluvchi va mahsulotlar pragmatik tabiat yaratishga qaratilgan keng bo'lim. Bunday mahsulotlar estetik darajasi, odatda, ancha yuqori. hunarmandchilik va bezatish - Kollektiv muddatli san'at ikki xil birlashtiradi. Birinchi amaliy dastur xususiyatlariga ega, ikkinchi inson atrof-muhit bezab uchun mo'ljallangan.

Amaliy san'at - bu nima? Avvalo, u kimning xususiyatlari badiiy uslubi yaqin ob'ektlar bo'lib, ularning maqsadi juda xilma-xil bo'ladi. Guldonlar, ko'zalar, idishlari yoki nozik chinni jamoalari, shuningdek boshqa ko'plab mahsulotlar bezak zal, oshxona, yotoq xonasi va bolalar xonalari mavjud. Ba'zi ob'ektlar asl san'at asarlari bo'lishi va shunga qaramay amaliy san'at toifasiga tegishli mumkin. Amaliy san'at - ustasi nuqtai nazaridan bu nima? qo'lidan materiallardan yasalgan og'ir ijodiy jarayon, yoki oddiy hunarmandchilik? Albatta, u eng yuqori maqtov loyiq san'at asari, deb. Pragmatik maqsadi mahsulot uning amallaridan eksiltmek emas. San'at va qo'l san'atlari - rassomlar va haykaltaroshlar, dizaynerlar va uslubchilar uchun tadbirlar keng. Ayniqsa, bitta nusxasi yaratilgan san'at maxsus asarlar maqtadi. Shu bilan bir vaqtda, ketma-ket ishlab mahsulotlar, suvenirlar sifatida tartiblashtiriladi.

Foydalingan adabiyotlar
1. Wikipediya
2.5-sinf Tasviriy san'at kitobi
3.7-sinf Tasviriy san'at kitobi
4.Arxiv.uz

******

Abduholiqova Sohiba 2007-yil 15-martda O'zbekiston Respublikasi Namangan viloyati Mingbuloq tumanida tug'ilgan. Hozirda 15-sonli davlat ixtisoslashtirilgan umumta'lim maktabining 10-sinfida o'qiydi.Yaqinda Respublika bo'ylab tashkil qilingan Ziyo Forum "Ziyolilar School/Top-100" g'olibiga aylandi va 2024-yil 24-avgustda bu loyiha taqdirlash marosimi bo'lib o'tdi. Taqdirlash marosimida

MMTB Vaziri Hilola Umarova hamda Ziyo Forum fondi rahmari Bobur Farmonov g'oliblarni "Ziyolilar school/TOP-100" almanaxi ,sertifikat hamda esdalik sovga'alari bilan tantanali tarzda taqdirladi. Ijodkorning bu kabi yutuqlari bisyor.

Badiiy adabiyotlarni o'qishni yaxshi ko'radi. Sevimli kitobi esa "savdogarlar ustozi".Maktabdan bo'sh vaqtlarida rus va ingliz tilini o'rganadi. Kelajakda tanlagan kasbi – tarjimonlik.

Sohibaning orzulari va maqsadlari ko'p: 2025-yili Zulfiya nomidagi Davlat mukofotini qo'lga kiritish, avgust oyida esa "Ibrat lageriga" borish, 2024-yil dekabr oyida ingliz tilidan IELTS ,mart oyida ona tilidan 100%lik milliy sertifikat olish. 2025-yilda grand asosida talabalikka qabul qilinish. Talabalik davrida koreys va arab tillarini o'rganish, universitetni tugatgandan so'ng AQShda magistraturada o'qishni va u yerda oilasi bilan yashashni rejalashtiryapti. Keyinchalik faoliyatini Koreyada davom ettirmoqchi. Lekin o'z vataniga albatta qaytishini ta'kidlab o'tdi. "Chunki o'z yurtim O'zbekistonni juda yaxshi ko'raman, chunki men O'zbekistonda tug'ilganman"- deydi ijodkor.

Ingliz tilining paydo bo'lishi

Hozirgi davrning deyarli barcha tillari dastlabki kelib chiqish tiliga ega. Ushbu dastlabki til barcha hosilalari bilan til "oilasini" tashkil qiladi.

Ingliz tili hind-yevropa tillari guruhiga kiradi. Unga shuningdek fransuz, italyan, nemis, norveg va yunon tillari ham kiradi.

Hind-yevropa guruhida turli xil kichik guruhlar mavjud bo'lib, ingliz tili g'arbiy-tevton kichik guruhiga kiradi. Aslida, ingliz tilining kelib chiqishi 5-asrning o'rtalarida, Shimoliy dengiz tomondan kelgan kelgindilarning hozirgi Buyuk Britaniyaning butun hududi va Kelt qabilalarini bosib olgan paytdan boshlanadi.

Dastlab Angliyada kelt tilida gaplashishgan. Biroq, orollarning anglo-sakson istilosidan so'ng zamonaviy ingliz tilida juda kam kelt so'zlari qoldi.

Anglo-saksonlar turli shevalarda gapirishgan. Keyinchalik normanlar istilosidan keyin tilda Skandinaviya tilining elementlari paydo bo'ldi. Nemis tillariga mansub bu til ingliz tiliga ham ta'sir ko'rsatdi.

1066-yilda Uilyam Istilochi Normand fransuz tilini o'z saroyining rasmiy tili deb e'lon qildi. Dastlab, "normand" tili aholining eng badavlat qatlamlari orasida tarqaldi. Asta-sekin bu til boshqa joylarga ham keng tarqala boshladi va anglo-sakson tilidan farq qiladigan yangi til paydo bo'ldi. Ushbu til zamonaviy ingliz tilining asosi bo'ldi.Avstraliya, AQSH, Birlashgan Qirollik, Hindiston, Irlandiya, JAR, Kanada, Liberiya, Malta va Yangi Zelandiyaning rasmiy tili. Ingliz tili dunyodagi eng ko'p ishlatiladigan tillar ichida 3-o'rinda turadi (Ispan hamda Mandarin Xitoycha tillardan keyin). Yevropa Ittifoqining asosiy tili.Ingliz tili BMTning rasmiy ish yuritish tillaridan biri, Buyuk Britaniya, Irlandiya, Shimoliy Amerika, Avstraliya, Yangi Zelandiya, Osiyo va Afrikadagi ko'pgina mamlakatlarda tarqalgan. Bu tilda yer yuzidagi 400 milliondan ortiq kishi gaplashadi. Buyuk Britaniya va Shimoliy Irlandiya, AQSH, Avstraliya, Yangi Zelandiya, Kanada (fransuz tili bilan birga), Irlandiya (irland tili bilan birga), Hindiston va 15 ta Afrika davlati (JAR, Nigeriya, Gana, Uganda, Keniya, Tanzaniya va boshqalar) da rasmiy til sifatida qo'llaniladi.

******

Sobirova Jannatxon Vahobjon qizi 2002-yil 10-aprelda Farg'ona viloyati Quva tumanida tug'ilgan. Hozirda Farg'ona davlat universiteti 5-kurs talabasi. O'quvchi yoshlarga mental arifmetikadan dars berib kelmoqda.Ko'plab ijodiy ishlari jurnallarda va kitoblarda chop etilgan. Bir nechta ko'rik tanlovlar g'olibasi. Jumladan Turkiya davlatining Alanya shahrida bo'lib o'tgan xalqaro rasmiy konferensiyada o'z ijodiy ishi bilan qatnashib, "Ozbekistan'ın lider kadınları" nomli kitob nashr etildi va kitobdan ijodiy ishi joy oldi.

Bolani qanday tarbiyalash mumkin

Annotatsiya: Bu maqolada talim- tarbiyaning ozaro chambarchas bogliqligi bola tarbiyasi davlat miqyosida siyosiy muammo ekanligi,bolani tarbiyalash unga bilim berish faqat ustozgagina emas balk iota-onaga butun jamiyatninga bogliqligi bola tarbiyasida yol qoyiladigan hatoliklar haqida fikirlar yuritilgan.

Kalit so'z va iboralar: Ota-ona bola ilm talim tarbiya odob-oxloq pedagogika ragbatlasntirish jazolash farzand manaviy yetuklik

Birinch Prezidentimiz I.A.Karimov oz asarida:

Talimni tarbiyadan tarbiyani esa talimdan ajratib bolmaydibu sharqona qarash sharqona hayot falsafasideb bejizga aytibmagan.chunki talim va tarbiya bir-biri bilan uzviy bogliqdir.inson ilmli bolishini istasa u eng avvalo tarbiyalanishi kerak tarbiyali inson mukamal ilm sohibi bola oladi.har bir mamlakatning bugungi va ertangi kuni osha yurtdagi maktablarning holatiga talim-tarbiyaning sifatiga bogliq

Tarbiya-pedagogika yani bola tarbiyasining fani

demakdir.bolaning salomat va saodati uchun yaxshi tarbiya tanni pok tutmoq yosh vaqtida malakni tuzatmoq yaxshi xulqlarni ozgartirmoq tabiblardek kabidirki tabib xastaning badanidagi kasaliga davo qilgani kabi tarbiyachi bolaning vujudidagi jahl markaziga"yaxshi xulq degan davoni ichidan poklikdegan davoni ustidan berib katta qilmogi lozimdir-deb Abdulla Avloniy bobomiz aytganlar.darhaqiqat har bir bola toza fitratda tugiladi va keyinchalik ota-onalari yoki atrof-muhitni tasirida bolar Yahudiy yoki Nasroniy bolib tarbiya topadilar Bundan nimani tushunamiz demak har bir bolaning kongli sof tabiatida yaxhilikka moyillik bor.Bizni eng birinchi qiladigan xatoyimiz-yosh bolalarni bazi bir bolalarcha qilgann xatti-xarakatilarini ularga notogri talqin beramiz Aslida fitratidan uzoqlashib ketgan biz kattalarmiz.Shuning uchun bolani samot-senkasini tushurishga haqimiz yoq.

Bolani urushgandan kora maqtagan afzalroq. Tarbiyada

2.Uslub-ragbatlantirish va jazolashning ikkinchisi va samaraliroq tuyulsa-daaslida unday emas.Jazolash bolaga aks tasir qilishi-ochiq oydin boysunmaslikni keltirib chiqarish mumkun

Tasavvur qiling ona bir idishdan sharbatni stolga olib

boryabdi.Oz onasiga hamma ishda taqlid qiladiganikki yoshlar atrofidagi bola xuddi shu ishni takrorlashga harakat qiladi.Ona esa Mumkun emas!deydi va bolasi sharbatni tokib yuborishdan qorqib qolidan stakanni olib qoydi.Bu notogri godak ozining yoshi uchun qiyin biror ishni qilishga urunganidan uni maqtagan afzalroq Katta bolib qolganingni qara bolam!deb idishga ozgina sharbat quyib uni olib boorish imkoniyatini berish kerak.Bunday munosabat juda muhum.Sharq mutafakirlarining merosida talim-tarbiya masallari muhum orin egallaydi Abu Nasr Farobiyning fikricha bola tarbiyasi bir maqsadga qaratilgan holda olib borilmogI va u aqliy va axloqiy tarbiya birligidan iborat bolmogi lozim degan xulosaga kelgan

Maktabgacha yoshdagi bolalarga talim tarbiya berish masalalari Abu Ali Ibn Sino merosida yaratilganini korishimiz mumkin Beruniy ota-onalarning bolalari bilan birga harakat qilishlari turli oyinlar uyushtirishlari ular bilan ozaro suhbatlar otkazishlari maqsadga muvofiq deb maslahat beradi.Beruniy tarbiyaning maqsadi va vazifalari haqidagi shaxsning rivojlanish togrisidagi fikrlarining zamirida insonparvarlik goyasi yotadi.U har biro ta-ona oz farzandlariga ona shu goyani singdirish zarur degan xulosaga keladi.

Yusuf Xos Xojib Qutadgubiligasarida oilaviy maishiy

turmush mumamolariga ham katta etibor beradi.Ota-onalar nazoratda bolgan bolaning masulyati hissi rivoj topadi.

Shu sababli ham bola tarbiyasida ota-onaning mavqei alohida ahamiyatga egadir.ular tanlagan togyol farzandlarining kelajagini kamoloti uchun psixologiyasida muhumdir.

Ya A Kamenskiy ozining Onalar maktabi kitobini maktabga tayorlash bobidashunday yozadi barchainsonlar bajaradigon ishlarmalum bir tayyorgarlikni talab qiladi Komenskiy ota-onalar uchun quydagi vazifalarni korsatadi;

1. Bolalarda maktabga borganda oz tengdoshlari bilan oqigan va oyangan xursandchilik hissini tugdirish 2. Bolalarni maktabdagi talimning mohiyatini tsuhuntirish maktabdagi faoliyati turlari bilan tushuntirish. 3. Bolalar bo'lajak oqtuvchilarga nisbatan hurmat va ishonchi shakilantirish.

Bola hayotida mehnat tarbiyasi muhum sanaladi.mehnat bolalarda uyushqoqlik diqqat saramjon-sarishtalik tarbiyalash shuningdek maqsadga erishishda sabot va matonatkabi iroda xususiyatlari rivojlantirish vositasidir Bola hayotning kun tartibi odatda soglom bola kasalmand va zaif bolaga nisbatan maktab kun tartibiga va butun dars davomida ozida josh urib turgan goyalarini tiyib jim otirishga tezroq korinadi Bolani maktab kun tartibiga tayorlashda uning sogligini mustahkamlashga ertalab malum vaqtda ornidan turishga ovqatlanish va uyquga yotishga aniq rioya qilishi kerak.

Foydalanilgan adabiyotlar:

1. I.A.Karimov Yksak manaviyat yengilams kuch.Tshkent Yangiyol Poligraf servis.2015

2. Abdulla Avloniy.Telegram.Hikmatlar

3. Masaru Ibuka.Uchdan keyin kuch.Hilol nashr.2023

******

Noraliyeva Gavhar Murodkulovna 2003-yil 30-iyunda Surxondaryo viloyati Termiz shahrida tug'ilgan.

Termiz Davlat universiteti Iqtisodiyot yo'nalishining 4-bosqich talabasi. Noraliyeva Gavhar Murodqulovna Iqtisodiyot ta'lim yoʻnalishining raqamli iqtisodiyot, raqamli texnologiyalar sohalarida tadqiqotlar olib boradi va shu sohalarda xalqaro, respublika, viloyat, shahar miqyosida turli tanlovlar va konferensiyalarda muntazam ishtirok etib keladi. Hozirgi vaqtga qadar 10 dan ortiq ilmiy va ilmiy-ommabop maqolalari Respublika va xalqaro anjumanlar toʻplamlari, vazirlik miqyosida oʻtkazilgan konferensiyalarda, gazeta va jurnallarda chop etilgan. Bundan tashqari Noraliyeva Gavhar Murodqulovnaning Rossiya Federativ Respublikasida "Роль цифровой экономики в современном мире" nomli maqolasi, Nufuzli xalqaro Buyuk Britaniya ilmiy jurnali «Best journal of innovation in science, research and development»da The Rise of the Digital Economy: Implications for Growth and Development nomli maqolasi chop etilgan. Ilmiy dunyoqarashini kengaytirish maqsadida ilmiy-tadqiqot ishlarini davom ettirmoqda. Ilmiy yo'nalishi mamlakatimizning ijtimoiy-iqtisodiy sohadagi taraqqiyotiga muhim hissa qo'shadi deb baholash mumkin.

Digital Economy: Importance, Types, and Examples

Noraliyeva Gavhar Murodkulovna

Termiz State University faculty of Economics

Abstract. The digital economy, driven by digital technologies such as communication networks, software, and data analytics, plays a crucial role in modern economic development. This article explores the importance, types, and examples of the digital economy. It highlights its significance in promoting economic growth, creating jobs, fostering innovation, improving market access, and enhancing customer experiences. Key types include e-commerce, the sharing economy, the gig economy, digital media, fintech, cloud computing, and artificial intelligence. Examples like Amazon, Uber, Airbnb, Netflix, and PayPal illustrate how the digital economy reshapes industries, offering new opportunities and efficiencies. The digital economy is essential for businesses and individuals to embrace, as it continues to evolve and transform global markets.

Key words: Digital economy, artificial intelligence (ai), machine learning (ml), blockchain, cloud computing, internet of things (iot), big data analytics, cybersecurity, e-commerce, fintech, digital transformation, sharing economy, gig economy.

Аннотация. Цифровая экономика, движимая цифровыми технологиями, такими как сети связи, программное обеспечение и анализ данных, играет важную роль в современном экономическом развитии. В этой статье рассматриваются значение, типы и примеры цифровой экономики. Подчеркивается её важность в стимулировании экономического роста, создании рабочих мест, поддержке инноваций, улучшении доступа к рынкам и повышении качества обслуживания клиентов. Основные типы включают электронную коммерцию, экономику совместного использования, экономику фриланса, цифровые медиа, финтех, облачные вычисления и искусственный интеллект. Примеры таких компаний, как Amazon, Uber, Airbnb, Netflix и PayPal, показывают, как цифровая экономика трансформирует отрасли, предлагая новые возможности и повышая эффективность. Цифровая экономика становится необходимой для бизнеса и людей, так как продолжает развиваться и преобразовывать мировые рынки.

Ключевые слова: Цифровая экономика, искусственный интеллект (ИИ), машинное обучение (мо) блокчейн, облачные вычисления, интернет вещей (iot), аналитика больших данных, кибербезопасность, электронная коммерция, финансовые технологии (финтех), цифровая трансформация, экономика совместного использования, экономика фриланса.

Introduction. The digital economy refers to an economy that is based on digital technologies, including digital communication networks, computers, software, and other related technologies. It encompasses all economic activities that result from everyday online connections among people, businesses, devices, data, and processes. The digital economy has become an integral part of the modern global economy, driving innovation, growth, and opportunities across various sectors. The digital economy represents a rapidly evolving landscape where digital technologies and innovations are transforming traditional economic activities. As businesses, governments, and individuals increasingly rely on the internet and digital platforms, the boundaries of the global economy are being reshaped. The digital economy goes beyond just e-commerce; it encompasses a wide range of sectors, including financial technology (fintech), digital media, cloud computing, and artificial intelligence, each playing a pivotal role in redefining how we work, live, and interact. The proliferation of digital tools and services has created an interconnected world where data is the new currency, driving business decisions and consumer behavior. This interconnectedness allows for unprecedented levels of efficiency, speed, and scale, enabling businesses of all sizes to compete on a global stage. The digital economy is not just an economic concept; it is a vital engine of growth that influences every aspect of modern life, offering new opportunities while also presenting challenges such as cybersecurity, data privacy, and digital inequality. Understanding the digital economy's importance, its diverse types, and real-world examples helps highlight its profound impact on today's economic landscape. This introduction sets the stage for a deeper exploration of how the digital economy functions, its benefits, and the ways it continues to shape the future of global markets.

Research methodology. Digital technologies encompass a wide range of tools, systems, and applications that utilize digital data to perform tasks, connect people, and enhance efficiency across various fields. These technologies are the backbone of the digital economy, driving innovation and transforming industries. Here's a closer look at what digital technologies include, their significance, and their impact on different sectors.

Importance of the Digital Economy

Economic Growth and Development: The digital economy significantly contributes to GDP growth by increasing productivity and efficiency. Digital technologies help streamline operations, reduce costs, and open new revenue streams, enhancing overall economic performance.

Job Creation: The digital economy creates new job opportunities, especially in tech-related fields such as software development, data analysis, digital marketing, and e-commerce. It also fosters new roles in traditional industries as they adapt to digital transformation.

Innovation and Entrepreneurship: Digital platforms provide a foundation for innovation by enabling new business models, products, and services. Entrepreneurs can leverage digital tools to launch startups with lower overhead costs, reaching global markets faster than ever before.

Improved Access to Markets and Services: Digital platforms make it easier for businesses to connect with customers worldwide, breaking down traditional barriers to trade. E-commerce platforms, online marketplaces, and digital payment systems enable even small businesses to reach a global audience.

Enhanced Customer Experience: The digital economy offers consumers more convenience, personalization, and choice. Businesses can use data analytics to understand customer behavior and preferences, allowing them to provide more tailored services and products.

Efficiency and Automation: Automation of routine tasks through artificial intelligence (AI) and machine learning improves efficiency and reduces human error. This leads to better resource management and optimized business processes across various sectors.

Types of Digital Economy

E-commerce: This involves buying and selling goods and services online. It includes platforms like Amazon, Alibaba, and eBay, which connect consumers and businesses across the globe. E-commerce also includes digital payments and financial technologies that facilitate transactions.

Sharing Economy: The sharing economy allows individuals to share access to goods or services, typically through an online platform. Examples include Uber (ride-sharing), Airbnb (accommodation sharing), and TaskRabbit (service sharing).

Gig Economy: In the gig economy, temporary, flexible jobs are commonplace, and companies tend to hire independent contractors and freelancers instead of full-time employees. Platforms like Upwork, Fiverr, and Deliveroo are prominent players in this space.

Digital Media and Content: This encompasses online streaming services, social media, and other digital content platforms. Companies like Netflix, YouTube, and Spotify are examples of businesses thriving within the digital media segment of the economy.

Fintech (Financial Technology): Fintech includes digital payment systems, online banking, cryptocurrencies, and blockchain technologies.

Companies like PayPal, Stripe, and Revolut are revolutionizing how people handle money, making financial services more accessible and efficient.

Cloud Computing and Data Services: Cloud computing provides on-demand availability of computing resources, making data storage and management more efficient and scalable. Companies like Amazon Web Services (AWS), Google Cloud, and Microsoft Azure are leaders in this domain.

Artificial Intelligence and Machine Learning: These technologies are used to automate decision-making processes, improve customer service through chatbots, and optimize business operations. AI is widely used in sectors like healthcare, finance, and manufacturing.

Analysis and discussion of results. The digital economy, fueled by digital technologies, is reshaping the global economic landscape in unprecedented ways. This section provides an analysis of the digital economy's impact on various sectors, discusses the opportunities and challenges it presents, and examines the broader implications for businesses, governments, and society.

Economic Impact Analysis

The digital economy has become a significant driver of economic growth, contributing a substantial share to the GDP of many countries. Digital technologies such as AI, cloud computing, and e-commerce platforms have enhanced productivity and efficiency across industries, resulting in: Increased Productivity: Automation and AI technologies reduce the time required for tasks, minimize human errors, and optimize processes, leading to higher productivity levels. For instance, manufacturing sectors that employ robotics and IoT sensors have reported significant improvements in production efficiency. Job Creation and Transformation: While automation has raised concerns about job losses, the digital economy has also created new job opportunities in areas such as software development, digital marketing, data analysis, and cybersecurity. The gig economy, powered by platforms like Upwork and Uber, has expanded the nature of employment, offering more flexible work arrangements. Global Market Access: Digital platforms enable businesses to reach global audiences, breaking down traditional geographical barriers. This has been especially beneficial for small and medium-sized enterprises (SMEs), allowing them to compete with larger corporations on a more level playing field. Opportunities in the Digital Economy Innovation and Entrepreneurship: Digital technologies lower the barriers to entry for new businesses, enabling startups to develop innovative products and services with relatively low initial investment. Cloud computing and digital marketing tools allow businesses to scale rapidly and reach targeted audiences efficiently. Enhanced Customer Experience: Data analytics and AI allow companies to personalize customer experiences, offering tailored recommendations, faster services, and improved user engagement. Companies like Netflix and Amazon use AI-driven algorithms to predict customer preferences, enhancing satisfaction and loyalty.

Sustainable Development: Digital technologies can contribute to sustainable development goals by promoting more efficient use of resources, reducing waste, and supporting green technologies. For example, smart grids and IoT solutions in energy management help optimize resource usage, contributing to environmental sustainability. Challenges and Risks. Digital Divide: A significant challenge of the digital economy is the digital divide, which refers to the gap between those who have access to digital technologies and those who do not. This divide can exacerbate socio-economic inequalities, particularly in developing countries where access to the internet and digital tools is limited. Cybersecurity and Privacy Concerns: As the digital economy grows, so do the risks associated with data breaches, cyber-attacks, and privacy violations. Protecting sensitive information and maintaining consumer trust is a major challenge for businesses and governments alike. Regulation and Compliance: The rapid pace of digital innovation often outstrips the ability of regulatory frameworks to keep up. Issues related to data protection, digital taxation, and competition laws require new approaches to governance to ensure fair and secure digital environments.

Conclusion. The digital economy, underpinned by advancements in digital technologies, has fundamentally transformed the way we live, work, and interact. Its rapid growth and integration into various sectors highlight its importance as a key driver of economic development and innovation. The digital economy has ushered in numerous benefits, including increased productivity, enhanced customer experiences, and expanded global market access. Technologies such as AI, cloud computing, and blockchain have revolutionized industries, creating new opportunities and driving efficiency. Businesses of all sizes are leveraging these technologies to optimize operations, innovate products and services, and engage with consumers in unprecedented ways. However, the digital economy also presents several challenges. The digital divide, cybersecurity risks, and regulatory hurdles are significant issues that need to be addressed to ensure equitable access and secure digital environments. Additionally, workforce displacement due to automation and AI necessitates ongoing efforts in reskilling and upskilling to prepare the workforce for future demands.

References:

"The Digital Economy: Promise and Peril in the Age of Networked Intelligence" by Don Tapscott. Chapter 1 – "The Digital Economy" Pages: 1-30

Chapter 3 – "The Role of Digital Technologies in Business Transformation".Pages: 45-68

"Blockchain Basics: A Non-Technical Introduction in 25 Steps" by Daniel Drescher.Chapter 6 – "Blockchain Applications"Pages: 55-80

"Journal of Digital Economy and Society"

"The Impact of Digital Technologies on Economic Growth".Pages: 15-28

"Digital Transformation: The Role of IT in Modern Business".Pages: 77-102

Article: "The Influence of Big Data on Business Decision-Making".Pages: 200-215

"Digital Economy Report 2021" by UNCTAD. Chapter 2 – "Digital Technologies and Economic Growth".Pages: 35-60

"The Future of Jobs Report 2020" by World Economic Forum.Chapter 3 – "Technology and Job Market Trends".Pages: 50-75

"Global E-commerce Report" by eMarketer. Section 1 – "E-commerce Market Trends"Pages: 10-40

******

Iskandarova Gulchehra

2010-yilning 10-aprel sanasida Jizzax viloyati G'allaorol tumanida tavallid topgan.27-maktabning 8-sinf o'quvchisi.G'allaorol tuman "Barkamol avlod" bolalar maktabi "Qaqnus" to'garagi qatnashuvchisi."Yosh kitobxon"tuman vosqichi g'olibi."Orzularim sari" sge'riy kitobi mualllifi.5 dan ortiq antalogiyalar to'plovchisi.

Boychechak

Boychechak-bahorning oshig'i sensan,
Jazirama yozda kurtak ochmaysan,
Kuzning sovug'ida chiroyga to'lib,
Qishning ayozida ifor sochmaysan.

Har nahor yomg'irli tongdan zavq olib,
O'zinga tuganmas rohat olasan,
Boshqa oshiqlaring uzsalar seni,
Bahorga sodiqsan so'lib qolasan.

Uyg'onish fasliga muxabbatingla,
Vafosiz oshiqlar qoldirasan lol.
Iltimos 4 fasl erkasi bo'lmay,
Yolg'iz bahoringa sodiqlikcha qol.

Iskandarova Gulchehra

*****

Farzona Hoshimova

Fargʻona viloyati Fargʻona shahrida 2010 yil 10 dekabr kuni tavallud topgan.

Margʻilon shahar Erkin Vohidov nomli ijod maktabining 8- D sinf oʻquvchisi. Respublika bolalar kutubxonasi qoshidagi "Ijodkor bolalar" toʻgaragi aʻzosi. Respublika va chet el gazeta va jurnallarda 50 dan ortiq ijodi nashr etilgan. "Good people-stay safe" nomli shaxsiy kitobi chet elda nashr etilgan. Xorazm viloyatidagi "Ko'ngil chizgichlari", "Articlass monthly" "Prospectiva children of new Uzbekistan", Buyuk Britaniyada "The Works of Fiction of Talented Uzbek Creators" va yana O'zbekistondagi 4 ta almanahda ijodiy ishlari chop etilgan.

"ONAJONIM, TABIAT"

Har gal maktabdan qaytayotib ko'chamizga kirib borar ekanman, qalbimni faxr tuyg'usi chulg'ab oladi. Ikki tomonga qator ekilgan archalar-u, ularni o'rab turgan sement yo'lakcha, xonadonlar tashqarisidagi tomorqalar va katta, keng, asfald yo'l ko'chamizni ko'rkiga-ko'rk qo'shib turibdi.

Men Farg'ona shahridagi "Xo'jamag'iz" mahallasining Shalola ko'chasidagi 53- uyda istiqomat qilaman.Mahallamiz aholisi bir-biri bilan ahil va inoq ekanligi ona-tabiatimizga ijobiy ta'sir o'tkazar ekan. Qo'ni-qo'shnilarimiz ko'chamiz obodligi uchun tinmay harakatda bo'lishadi, tabiatni asrash uchun mehnat qilishadi. Elektr energiyasi, suv va gazdan ham o'z me'yorida foydalanib, iloji boricha tejashga urinishadi. Har bir xonadon qarshisidagi osma chiroqlar atrofni qorong'ulik o'rab olishi bilan yoqilib, quyosh chiqar-chiqmas o'chiriladi. Bu odat nafaqat kattalar balki bolalar, biz yoshlar o'rtasida ham mavjud. Ko'chamiz oqsoqollari doimo bizga nasihat qilishar va tabiatni asrashni, elektr va suvni tejashni ta'kidlashadi. Ularning aytishicha biz qilayotgan har bir yaxshilik albatta kun kelib ikki hissa bo'lib qaytar va bu davlat buyjetiga ham yordam berar ekan. Ha, biz yoshlar doimo kattalarni gapiga quloq solamiz. Bundan 5 yil avval tadbirkor Xusniddin aka o'z hisoblaridan ko'chamiz boshidan oxirigacha archa ko'chatlarini ekib berdilar. Mana hozirga kelib bu archalar juda ham chiroyli qad ko'tarib turibdi. Archalar barq urib o'sishida ham, albatta tadbirkor Xusniddin akaning hissasi katta. Chunki ular har doim zararli hasharotlar hamda kasalliklarga qarshi archalarni o'zlari dorilab, ularga shakl berib, parvarishlab turadilar. Bundan mahalla ahli minnatdor. Mahalladoshlarimiz har oyda hashar yo'li bilan ko'chamizni axlatlardan tozalab obodanlashtirish ishlarini olib borishadi. Ko'chamiz hokimiyat tomonidan asfaltlangan. Har bir xonadon tashqarisidagi tomorqalar bahor kelishi bilan yashillikka, gullarga burkanadi. Ba'zilar esa turli hil ko'chatlar ekishadi.

Ha, aytgandek, ''Xo'jamag'iz'' MYFga qarashli

tabarruk ziyoratgoh bor. Sevimli payg'ambarimiz Muhammad sallolohu alayhi vassalamning suyukli sahobalaridan biri Hasti Maoz ibn Jabbar pirim maqbarasi bor.bu yerga juda ko'p insonlar ziyoratga kelishadi. Chetdan kelgan ziyoratchilar har gal ko'chamizdan o'tayotib obodligiga,go'zal manzaralarga havas bilan qarashadi.

Meni shunday obod ko'cham va ahil-inoq qo'shnilarim bor ekanligidan faxrlanaman.

Barcha ko'chalarning aholisi ham biz kabi ahil-inoq bo'lib, har mavzuda bir yoqadan bosh chiqarishsaydi. Biz kabi hasharlar uyushtirib ko'chalarini obodonlashtirib, yashillikka burkashsaydi. Bu nafaqat shu yerda yashayotgan aholi, balki, butun borliq, havo, atmosfera va ona tabiatimiz uchun ham katta foyda. Ekilayotgan har bir yashil o'simlik–daraxtlar tabiatimizning bebaho boyliklaridir.

Tabiatni asraylik, axir biz tabaitni bir bo'lagimiz.

******

Норкулова Рисолат Бахромовна 1992 йил 1 декабрда Карши туман хожихидир кишлогида тугилганман. 2007 йил 9~урта мабтабни тугатиб 2009 йил Карши Шахри тиббиёт коллежни Акушерлик иши йуналшига укиб 2011 йил тамомладим 2017 йилдан 2022 йилларгача АЗЧАРДИЛ, ЧАРОС ДЕНТАЛ хусусий стоматологияларда ишладим. 2023 йил Ахборот технологиялари ва менежменти университетда дифектология йуналишида 2 курс талабасиман.2024 йилда Республиканская тафаккур манзили журналдан "Ногирон фарзанди бор оилаларда ота оналар уртасидаги муносабатларнинг йечими","Оилада болалар тарбияси", "Болаларда нутк нуксонлари ва уларнинг даволаш якунидаги асосий чора-тадбирлар", "Армон ва афсус, хикоя "Хикоя ва маколаларим чикган.

AFSUS VA ARMON......

(Hikoya)

Nurziya talabalik vaqtlarni eslar ekan uni xanuzgacha ichini yeb bitirayotgan yoxud yuragida chog' singari yonib yillar mobaynida uni tugatib borayotgani o'y xayollari yurgan yo'lida uni tinch qo'ymayd igandek tuyilaverardi.Talabalikning eng gullab yashnagan vaqtida Nurziyaning akasi olti oy o'tgach momosi olamdan o'tdi.Nurziya hayotida bunday voqealarni bo'lishini oldindan bilgandek edi go'yo. U katta akasini Moskvada ishlab yurgan vaqtlardayoq tush ko'rar va bunday tushlarining tabiri yomonligni bilsada tez tez onasiga aytar onasi esa unga sen qizginaga issiq xona xam yo'q oshxonada uxlaganing sabablida bularni bari bakda suv bor sen shu suvga bosinqirab uxlolmayabsan derdi.

Nurziyaning tushida faqat bir xil xech qanday o'zgarishlarsiz edi.Gohida to'da –to'da otlarning oyoqlari ostida qolib ketar,ba'zida esa kafanga o'ralgan o'likni ko'rardi va unga kimlardir yani o'zi tanimagan kimsalar bu seni akang u o'ldi deb aytishardi.Juddayam baland binolar qulardi ,yokida tishlari to'kilib ketardi.Tushlaridan qo'rqadigan Nurziya deyarli har kuni onasiga iltimos qilib yig'lar xatto uxlashga xam qo'rqib qolgandi.Kun davomida o'qishda bo'lsam kechi bilan dars qilsam nega aynan men bunaqa tushlar ko'rayapman deb o'ylardi.Kichikgina xovlida xonalari ko'p bo'lgani bilan xam xamma xonasi issimas edi. Nurziyaning ikkita akasi va bitta ukase bor edi, akalari va ukasi bir xonada ota- onasi boshqa bir xonada, qari buvisi esa aloxida bir boshqa xonada uxlardi. Ilgarlari Nurziya buvisi bilan bir xonada uxlardi u o'qishga kirgach kechalari bilan dars qilaman deb buvisini uyqusi buzmaslik uchun bosqa xonada joylashgandi.Qishning sovuq kunlarida esa faqatgina uchta xona isirdi xolos.Shu sababli xam oshxonada ovqat qilinadi oz bo'lsada issiq bo'ladi deb o'ylab shu yerga joylashgandi.U endi xamma narsalarini yig'ib yana buvisini xoasiga joylashdi.Nurziya kechalari bilan dars qilardi kollejda xam a'lo o'qiydigan talabalar safida turardi va kichik guruxga xa starista edi. Nurziya buvisini xonasiga o'tganidan juddalar xursan bo'lardi to'g'ri uni yomon tushlar ko'rshi tark etmasdi shunday bo'lsada buvisi bilan gaplashib mazza qilardi kechgacha dars qilsada buvisi indamasdi.Nurziyaning buvisi uni ko'p urar, urishardi eng qizig'i Nurziyaning onasi bunga javoban xech nima demasdi.uning onasi faqat bir so;zni ko'p takrorlardi u xam bo'lsa e'tibor qilma xop buving qarib qolganlar deb aytardi. Nurziya katta bo'lib o'qishga kirgach buvisining Nurziyaga bo'lgan muomilasi o'zgarib qolgandi.Balki buvisi ham nabiram katta bo'lib qoldi deb o'ylarmidi balki o'qishga kirdi endi unga yomon gapirmasligim kerak deb o'ylaganmi xullas uni yoshligidagidek qattiq urishib yomon gapirmas ko'nglini og'ritmasdi.Shu zaylda oradan to'rt oy o'tdi. Nurziyaning kongli ancha to'q edi sababi Moskivaga ishlash uchun ketgan akasi eson- omon kirib kelgan oilasidagilar xammalari birga edilar.Nurziya bu tushlarini unitishga xarakat qilar shunday bo'lsada bu ko'radigan tushlari baribir bir kun yomon tabirini ko'rsatdi.Nurziyaning akasining kelganiga yetti oy bo'ldi.Bahor fasli mart oyi edi ko'chada barcha qo'ni-qo'shnilar yig'ilishib navro'z bayramni nishollashdi.bayram juddayam chiroyli o'tgandi,bayramdan bir xafta o'tgach Nurziya o'qishga ketishga tayyorlanayotgan edi devorga suyanib turgan akasini oldiga kelib uning ko'zlariga qaradi.Akasining ko'zlari sapsariq edi Nurziyaning onasi xam o'sha yerda edi.Akasini bu axvolini ko'rgan onasi shoshganicha o'g'lining peshobini tekshirtirishga yon qo'shnisi xam ovsiniga olib chiqdi. Ovsini o'sha qishloqni deyarli barcha kishilariga yaxshiligi tekgan medsistira edi ovsini qishloq punktida ishlardi.Peshobni tekshirgan ovsini tezroq davolash kerak bu sarg'ayma bo'libdi dedi. Ovsiniga qarab endi nima qilamiz dedi: yaxshi bir tabib bor shunga olib boramiz dedi.ular erta kunni kech qilmasdan tabibga olib ketdilar.O'qishdan kelgan Nurziya tabibga olib borishgan akasini axvolini ko'rib achinib keterdi.buyoqda esa buvisini injiqlik qilardi onasi esa sen dadang bilan ikkalangiz akangga qaranglar men o'zim buvingga qarayman dedi.Nurziya xayron bo'lardi onam nega unaqa qiladilar deb o'ylardi.O'ylaganini sababi shuki nimaga ota –onam tushinmaydi akamni do'xtirga olib bormayapti, axir mani o'qitadigan ustozlarim bu kasallik bilan o'ynashib bo'lmaydi. Uni tezlik bilan shifoxonaga yotqizish kerak deyishgandi.Ular nima buncha befarq bol'ishyabdi yokida tabib shunchalik tez yaxshi qiladimi deb kun bo'yi o'ylab o'yiga yetmasdi.Nurziya xar kuni birxil gapni takrorlardi iltimos akamni do'xtirga olib boraylik ota –onasi xop deb yana o'sha tabibga olib borishardi.Tabib esa allam balo damlamalaru ,parxezlar buyirgandi.Tabib san aytganingdek bugun osma ukol yozdi qo'shni Zebo opang bilan quyasan dedi onasi Nurziyaga u xop deb tezlashib Zebo opani aytib keldi.Ular birgalashib osma ukolni quyishdi.Vaqt ancha kech bo'lib qolgandi.nurziyaning onasi Zebo qo'shnisini uyigacha kuzatib qo'yi shini ayti va ular birga chiqib ketishdi.zebo opani hayoti o'xshamagadi onasinikiga kelganiga ko'p bo'lmagandi Zebo opa shu qishloqdagi punktga ishga kirganiga ikki oylar bo'lgandi.Nurziya Zebo opa bilan suxbatlashib chiqar ekan Zebo opa uyiga emas boshqa tomonga qarab yo'l oldi. Nurziya qayerga ketyapsiz dedi shu ko'cha boshigacha chiqaylik dugonamnikiga borib kelamiz dedi.Nurziya xop dedi ular birgalikda Zebo opaning dugonasinikiga borishdi.Dugonasi ularni mexmon qildi birga o'tirishdi.Nurziyani ko'ngli g'ash bo'lgancha ochilmasdi u nima bo'layotgani tushunmasdi Zebo opa uyga qaytaylik ketaylik dedi.

Zebo opa xop dedi va ular uylariga qaytib kelishdi. Nurziyani yuragi sezgandek uyiga kirar ekan onasi chopib akasini xonasiga qarab ketarkan akang, akangga osma ukol reyaksiya berdi deb baqirdi . Nurziya xonaga kirganida akasi bir axvolda yotardi akasini katta ko'rpalarga o'rashgan oyoqlari uchida bakalashkalarga issiq suv solingandi.Nurziya akajon yaxshimisiz dedi akasi xa bo'ladi deb javob berdi.Nurziya ota-onasidan bo'ldi endi duxtirga olib borasizlar deb turib oldi.Ertalabdan ular ota –onasi akasi tog'alarini moshinasida yana o'sha tabibni uyiga ketdilar.Tabib xam xar doimgidek giyoxli suv va yana nimalardi berdi .ularr tabibning uyidan darvoza xallab chiqishar ekan Nurziyaning onasi tabibga qarab yaxshi bo'ladi xa shularni ichsa deb so'radi tabib unga javoban xudo sharmanda qilmasin dedi .unaqa demang iloxim yaxshi bo'lib ketsin o'g'lim dediyu moshnaga minib ketishdi.Yo'l bo'yi gaplashib kelisharkan Nurziyaning tog'asi o'zi duxtirga olib borish kerak edi dedi ularga xa shularni ichsinch yaxshi bo'lar deyishdi ota-onasi .Mashina uy oldiga to'xtad i Nurziya yugirib chiqdi moshinadan avval ota-onasi tushib uyga kirib ketdilar keyin esa akasi asta sekinlik bilan tushdi Nurziya akasiga akajon xech qayeriz og'rimayapdimi? deb so'radi : akasi unga qarab jovdiragan cha ichim qornim,bellarim bilan og'riyapdi dedi.

Nurziya akasiga qarab ich etini yerdi qani endi qo'lidan kelsayu uni bir zumda davolay olsam deb o'ylard i.Xovliga stul qo'ydi akasini o'tqistirdi kichik akasi xam kelib ular bilan birga o'tirdi onasi esa xar doimgidek buvisini oldiga kirib ketdi .Aka- singil gaplashar ekanlar Nurziya ko'm-ko'k osmanga qarar ekan agar biron sexrgar kelib menga nimani xoxlaysan desa men unga shu osmondan arg'imchoq tushsin men xamma o'ylovlarimni unitib mazza qilib uchay derdim dedi;katta akasi unga qarab shu ham tilakmi ?deb xo'rsindi agar Mandan so'rasa tezroq tuzalib ketishimni so'rardim dedi.Nurziya akasini bu gapiga birdan qaradi va akajon siz tuzalib ketasiz xudoxolasa dedi.Kichik akasi xam xa siz yaxshi bo'lib ketasiz aka dedi.Nurziya shu gapni gapirdiyu nega unaqa dedi nima uchun shu gapni aytdi o'zi xam bilmasdi.Nurziya shu suxbatlari akasi bilan oxiri ekanligni bilganda edi ehtimol butun umir shu gapni aytmagan bo'larmidi .Xuddi shu kuni kechgi payt bo'ldi Nurziya akasini xonasiga qarar ekan akasi singiljon bir dona konfet ber dedi akajon sizga mumkin emas kechiring berolmayman deb bermadi. Balki shu so'ragan konfeti oxirgi si ekanligni bilsa edi balki akasini oldiga pakrti bilan berarmidi.Kech tushib qoldi Nurziya akasiga tabib yozgan ukolni qildi xech qachon og'ridi demagan akasi o'sha kuni og'riyapdi dedi.Nurziyaning ko'ngli xijil bo'ldi xayolida bir narsa o'tardi u xam bo'lsa akamni do'xtirga olib borish kerak edi.

O'sha kecha tong otdi soat beshlarda Nurziyaning onasi xonasiga shoshgancha kirib keldi qizim tur akang o'zidan ketib qolgan tura qol dedi Nurziya yugirib xovli tomondan akasini xonasiga qarab chopib o'tdi.Nurziya xonga kirgancha daxshatdan qotib qoldi ne ko'z bilan ko'rsinki zabardast beklardek baquvvat akasi yerga ko'z oldiga yer bilan bitta bolib yotardi.Nurziya akasini quchoqlagancha boshlaridan silar yuzlarida o'par o'kinib o'kinib yig'lardi.Duxtirga telfon qilinglar tezroq akam akajonim turing iltimos.Nimaga unaqa bo'ldi deb yig'lardi. Bu orada uning otasi tabibga tinimsiz telefon qilar tabib esa telfonni ko'tarmasdi.Onasi ovsinim shu tabibni aytgand i. Nurziya akasi bilan qoldi bir zumda uylarini tumonat odamlar qoplagandek edi.nurziyaning yangasiva onasi kirib kelisharkan yangasi buni yaxshi bir folbinga olib borib rasmini ko'rsatish kerak deb folbinga ketdi .Nurziya uyida nima bo'layotganini bilmasdi .Uyda yaqinlari ota –onasi qo'ni –qo'shnilari bor lekin ular nimaga akasini duxtirga olib borishmayotganini tushinolmasdi. O'zi hamshira bo'lib ishlab yurgan yangasi nimaga tabibga olib borishlari kerakligni aytgani xam tushinmasdi .Folbinga borgan tezroq kuchli bironta mulla topib o'qitish kerakligni aytdi. Ular mullani topib kelgunicha tez yordam moshinasi xam yetib keldi.Shifokor tekshirib unga nima bo'ldi aytinglar dedi nimaga ozida emas deb savol berdi.Nurziyaning onasi o'g'lining kasalini aytmoqchi bo'lganida uning ovsini imo ishora bilan aytmang o'zi topsin aytmang deb uni nuqiy boshladi.Nurziyaning onasi indamadi xech nima demadi.Oraga sukunat cho'kdi. Xop sizlar xech nima aytmas ekansizlar men xech qanday yordam berolmayman bolani tezlik bilan banitsaga olib borishlariz kerak dediyu chiqib ketdi .Bu vaqtda ular yana kimnidir kutishayotgandek edi u xam bo'lsa folbin aytgan mulla edi .Oradan ancha vaqt o'ti soat o'ndan o'tib ketdi Nurziya akasini qosh ko'zlarini silar tinmay yig'lar edi .otasi uyga kirib kelib chiqib turinglar mulla keldi deya uydan chiqarib yuborishdi.ming xil xayollarda nimalar bo'layotganini tushinmayotgan Nurziya tashqariga kutib o'tirishardi .Mulla o'qib qo'yib ikkita qalin temirni ilmaksimon qilib yasatirdi va cho'g'dek qizdirib koma xolatda yotgan yigitning quloqlari orqasiga bosdi yigit o'ziga kelmadi .Mulla bu yigitni jigari qotib bo'libdi men yordam berolmayman deb chiqib ketdi.Nurziyaning dadasi uydan yig'lagancha chiqib ketdi.Bu gapni eshitgan tog'asi sanlarga aytdim do'xtirga olib boraylik deb er-xotin ikking xam indamading deya baqirdi va moshinasini ichkarigacha xaydab kirdiyu tezlashinglar ko'tarishinglar deb baqirdi.Nurziya dadasi tog'asi birlashib akasini moshina ichiga kiritisharkan Nurziya akasini butunlay sarg'ayib ketganini ko'rib qo'rqib ketdi. Tezlik bilan tuman shifoxonasiga olib borishdi.ular biz bu kasalni qabul qilolmaymiz tushining bizda yetarlicha jixozlar yo'q sizlar yaxshisi shahar banitsiyasiga boringlar deb shaharga yuborishdi.. Shahar banitsasida gi shifokorlar bolani tekshirib bolani vaqtida olib kelmagansizlar buning uchun sizlarni sudga beraman dedi.Nurziyaning onasi doktorni oyoqlari ostida yiqilib yalina boshladi. O'g'lim mani qamatsang xam roziman jonim bolam bolamni tuzatib ber deb yig'lardi. Doktor onasiga javoban nimaga endi menga kelyabsiz? Sizga tabibiz yordam bermadimi dedi . onaizorni yig'laganiga chiday olmagan doktor men xam xudo emasman tushining onajonim siz juddalar kechiktirib olib kelgansiz dedi.Nurziyaning akasi Baxtiyorning yuragi baquvvatligi uchun to'rt kun yashadi deyishdi doktorlar. Payshanba kuni kechasi akasining joni uzildi. Uzildiyu Nurziya shifoxonadan xabar kutib ko'zi ilingandi tush ko'rdi tushida oppoq juddayam ulkan baxaybatli qush uyidan osmonga uchib ketib qoldi . Nurziyaning ko'z oldida akasini qiynab vaqtida do'xtirlarga olib bormay qiynashgani va shu kattalarni aytganiga bo'ysunmasligim kerak edi axir jonu jigar aka meniki ediki degan fikrlar uni umri davomida qiynab keldi va butun umrlik armon bo'lib qoldi. Oradan olti oy o'tga bu ko'rgiliklarga chidolmagan buvisi ko'zlari ojizlanib olamdan o'tdi.

www.ingramcontent.com/pod-product-compliance
Lightning Source LLC
LaVergne TN
LVHW010328070526
838199LV00065B/5688